Zeunert's
Schmalspur Bahnen

ISBN 978-3-924335-62-9
Herausgeber
Ingrid Zeunert
Lektorat
Wolfgang Zeunert
Fachmitarbeiter
Bernd Backhaus, Klaus Bäuerlein, Andreas Christopher,
Heinz-Dietmar Ebert, Eugen Landerer,
Dieter Riehemann, Klaus-Joachim Schrader †,
Joachim Schwartzer, Dr. Markus Strässle
Verlag Ingrid Zeunert
Postanschrift: Postfach 1407, 38504 Gifhorn
Hausanschrift: Hindenburgstr. 15, 38518 Gifhorn
Telefon: (05371) 3542 • Telefax: (05371) 15114
e-mail: webmaster@zeunert de
Internet: www.zeunert.de • Ust-ID: DE115235456
ZEUNERT'S SCHMALSPURBAHNEN
Erscheinungsweise: 1-2 Bände im Jahr.
Alle Rechte vorbehalten!

Gedruckt bei
Druckhaus Harms
Martin-Luther-Weg 1, 29393 Groß Oesingen

D1735239

Schmalspurbahnen in Deutschland

Ulmer Eisenbahnfreunde /Alb-Bähnle Amstetten-Oppingen

Zwei gedeckte Güterwagen konnten in äußerlich gutem Zustand am 23.5.2008 von Privat für die Museumsbahn übernommen werden. Dabei handelt es sich um die Gw 336 und Gw 448 (beide ex Oberrheinische Eisenbahn/OEG), die jahrelang im »Fabrikzug« auf dem Betriebsgelände des ehemaligen Modellbahnerstellers Ernst Paul Lehmann Patentwerk (LGB) in Nürnberg gestanden haben. Sie werden beim Alb-Bähnle wieder zum Einsatz kommen.

Brohltal: Selbstentladewagen in Brohl. Foto: Helmut Müller

Brohltal: Phonolit-Containerwagen in Brenk. Foto: D. Riehemann

Borkumer Kleinbahn

Ende März 2008 konnten die Gleisbauarbeiten beendet werden. Das nach Osten liegende Gleis der zweigleisigen Strecke zwischen Anleger und Bahnhof wurde vollständig erneuert. Nachdem die vierte SCHÖMA-Neubaulok in Betrieb ging, können jetzt zwei Züge im Sandwich-Verfahren (je eine Lok an den Zugeenden, dadurch keine Umsetzen in der Endbahnhofem notwendig) verkehren.

Brohltalbahn Schmalspureisenbahn Btriebs GmbH (BEG)

Weitere sechs Selbstentladewagen wurden zur rumänischen Waggonbaufirma CFI transportiert, wo sie grundüberholt werden. Ein Wagen wird anschliessend in das Brohltal zurückkehren. Die Selbstentlader werden bei der BEG nicht mehr gebraucht, da der Phonolith-Transport auf Container umgestellt worden ist. Im Endstand verbleiben drei Wagen im Besitz der BEG, einer beim Albbähnle Amstetten-Oppingen und 5 Wagen bei CFI zum Verkauf an Dritte.

Chiemseebahn: Diesellok am 17.9.2007 im Seebahnhof mit Zug nach Prien. Rechts die Werkstatt.

Chiemseebahn

Über die kleine bayerische Schmalspurbahn wird nur selten berichtet, aber es gibt ja auch nur selten etwas Neues. Wo sonst jedoch gibt es noch im Sommer Schmalspurbahn-Planverkehr mit historischen Wagen, häufig sogar mit Dampflokomotiven bespannt? Die Bilder zeigen den Verkehr an frequenzschwachen Tagen, an denen eine Diesellok zum Einsatz kommt. Die ehemalige Werklokomotive eines Stahlwerks erhielt seinerzeit einen neuen Aufbau

Chiemseebahn
Mitte:
Diesellok am 17.9.2007 beim Umsetzen im Seebahnhof.
Unten:
Zug mit Diesellok verlässt den Seebahnhof in Richtung Prien.
Fotos (3): Christian Völk

DEV: Dampflok »Franzburg« am 2.8.2008 in Asendorf. Im Schuppen T 41   Foto: Jürgen Steimecke

im Stil der Dampftramwaylok. Die kurze Strecke zwischen Priem-Bahnhof und Stock-Hafen verläuft in dichter Bebauung sowie von einer Hecke eingesäumt, so dass Aufnahmen nur am Bahnhof sowie am Hafen möglich sind.

Christian Völk

Deutscher Eisenbahn-Verein (DEV) - Museumsbahn Bruchhausen-Vilsen - Asendorf

Die erste Deutsche Museumsbahn mit ihrer historisch wertvollen und interessanten Fahrzeugsammlung sowie der Meterspurstrecke Bruchhausen - Vilsen - Asendorf ist unverändert eine erste Adresse für alle Freunde der deutschen schmalspurigen Klein- und Nebenbahnen. Die Fahrzeugsammlung lässt vielerlei Zugkompositionen zu, teilweise auch stilechte Züge einiger ehemaliger Kleinbahnen. Da viele dieser Fahrzeuge aber für den Planbetrieb viel zu wertvoll sind, werden sie nur bei Sonderveranstaltungen, wie z.B. den Tagen für den Eisenbahnfreund, auf die Strecke geschickt.

DEV: V 4 und V 3 am 4.8.2008 in Asendorf. Foto: Dieter Riehemann

Dieter Riehemann

Döllnitzbahn: 199 001 nach Hauptuntersuchung am 21.7.2008 in Oschatz.   Fotos (2): Niels Kunick

Döllnitzbahn (DBG)

Nach etwa vierjähriger Abstellzeit und der anschließend durch die Firma BMS in Ostritz (bei Zittau) durchgeführten Hauptuntersuchung ist die dieselelektrische Lok 199 031 seit dem 21.7.2008 wieder im planmäßigen Einsatz auf der Döllnitzbahn zwischen Oschatz, Mügeln und Kemmlitz.

Die Maschine wurde von der Simmeringer Maschinen- und Waggonbau AG Wien im Jahre 1940 unter der Fabriknummer 66767 an die Deutsche Reichsbahn geliefert und als VT (wegen des Gepäckabteils) 137 343 eingereiht. Nach einer fünfjährigen, kriegsbedingten Abstellung ging die Lok mit der alten österreichischen Bezeichnung 2041.12 auf der Gurkthalbahn zwischen Treibach-Althofen und Klein-Glödnitz in Betrieb. Im Jahre 1953 erfolgte die Umzeichnung zur 2091.12. Mit dieser Nummer war die Lok bis zu ihrer Ausmusterung im

Jahre 1996 hauptsächlich auf der ÖBB-Ybbstalbahn unterwegs. Nach der Übernahme durch die Öchsle-Museumsbahn erhielt sie einen weinroten Anstrich und ihre »alte« Betriebsnummer 137 343 zurück. Bereits 2001 wurde die Lok an die Döllnitzbahn weiter verkauft.

Döllnitzbahn: V 10 1001 vom »Pollo« als Gastlok und Döllnitzbahnlok vom Typ Ns 4 am 1.5.2008 vor einem Sonderzug.

Döllnitzbahn: VT 171 056 + VS 208 250 der »Traditionsgemeinschaft Ferkeltaxe e.V.« und die sächs. IVK 99 1574, die die Sonderfahrtgäste von Oschatz nach Mügeln brachte. Foto: Niels Kunick

Neben der neuen dem Reichsbahnschema angepassten Nummer 199 031 erhielt sie hier auch eine recht umstrittene Lackierung in Magenta-Türkis. Nach Ablauf der Untersuchungsfristen musste die Lok im Jahre 2004 abgestellt werden. Seit Ende 2007 weilte die Maschine zur Hauptuntersuchung, die mit einigen Probefahrten im Zittauer Schmalspurnetz ihren Abschluss fand. Neben der technischen Überarbeitung erhielt die diesel-elektrische Lok auch eine Neulackierung in Anlehnung an das Farbschema der DR-V100. Gemeinsam mit den grün-beige lackierten Wagen kann man also jetzt einen Zug im letzten Farbschema der normalspurigen DR-Reisezüge vor der Wende auf der Döllnitzbahn erleben.

Am 22.3.2008 fand eine Sonderfahrt der Traditionsgemeinschaft Ferkeltaxi e.V. von Chemnitz nach Oschatz statt. Dabei kam es im Bahnhof Oschatz zur Begegnung der zweiteiligen Einheit 171 056-5 + VS 2.08.260 mit der sächsischen IV K 99 1574-5, die für die Weiterfahrt der ca. 50 Fahrgäste in Richtung Mügeln/Glossen sorgte.

Im Austausch gegen die 99 574 der Döllnitzbahn, die einige Tage leihweise in der Prignitz im Einsatz war, befand sich die V 10 101 des »Pollo« vom 22.4. bis 5.5.2008 in Mügeln. Am 27.4.2008 zog die Lok vom Typ V10C allein die Wochenendzüge. Am 1.5.2008 wurden die Himmelfahrts-Sonderzüge von der Ns4 der Döllnitzbahn und der V10C gemeinsam befördert. Besondere im Abschnitt Mügeln-Glossen waren die Züge gut besetzt, dienten sie hier auch als Zubringer zur Feldbahnschauanlage Glossen und zur »2. Mügelner Bahndammwanderung«, die 2008 zwischen den ehemaligen Bahnstationen Neichen, Mutzschen, Wermsdorf sowie Glossen stattfand. Niels Kunick

FKGB MbH.

In der NDR-Hitliste vom Dezember 2007 über die schönsten Eisenbahnen gelangte die FKGB auf Platz eins unter den schleswig-holsteinschen Bahnen - international schafften sie es immerhin auf den 16. Platz hinter den Bahnen »Rasenden Roland« und »Molli«.

Im vergangenen Jahr wurde an zwei Wochenenden Dampfbetríeb mit der Dampflok »Dimitrias« durchgeführt. Da diese Lok für die Straßenbahn Volos (Pilionbahn) gebaut worden war und auch über zwanzig Jahre Straßenbahndienst tat, waren die Personenzüge ein passender Einsatz für die restaurierte Lok.

Ab März 2008 begann der Ausbau der Schmalspur Richtung Bruhnskoppel. Ostern (23./24.3.2008) wurde »Eggersdorf« (km 2,8), Pfingsten (11./12.5.2008) dann »Holsteinische Schweiz« (km 4,8) und zum 28.6.2008. der Bahnhof »Bruhnskoppel« (km 7,3) erreicht. Bis zum Herbst 2008 ist »Benz« (km 9) angepeilt und zum Winter »Kletkamp« (km 12). Bis zu Saisonbeginn 2009 hofft man, »Lütjenburg« (km 18) erreicht zu haben.

Damit wäre diese Strecke die längste 600 mm - Schmalspurbahn in Deutschland.

Auch 2009 ist der Einsatz einer Dampflok fest eingeplant.

Für 2008 ist die Beschaffung von einer stärkeren Diesellok, eines Triebwagens für 12 Personen und die Restaurierung eines Personenwagens (Weyer 1894, geliefert an Zniner Kleinbahn; gebremste Version), eines gedeckten Güterwagens (ex Zniner Kleinbahn, Bj. ca. 1900) und eines Pw (ex Zniner Kleinbahn, Bj. ca. 1910; Heeresfeldbahn) vorgesehen.

FKGB: *Dampflok »Dimitrias« auf dem Dreischienengleis beim Bahnübergang.* Foto: Carsten Recht/FKGB pr.

FKGB: *Diesellok »Erika« mit einem Personenzug vor der Strassenbrücke. Hinten folgt »Willem« dem Zug.* Foto: Heiko Meusch/FKGB pr.

2009 soll die derzeit in Aufarbeitung befindliche Di 8 (O & K 25995/1960; Typ MV 8; 142 PS; geliefert in 660 mm Spur an Phönix-Rheinrohr AG, Duisburg, ex Spielplatz Gablenzstrasse, Duisburg, ex Förderverein Deutsche Feldbahn) in Malente eingesetzt werden.

Der dritte Weyer-Personenwagen wird dann ebenfalls restauriert sein, wie der letzte OOW der MPSB (ex Parkbahn Brietz).

Fahrplan und weitere Informationen unter www.fkgb.de oder unter www.hein-schüttelborg.de

Carsten Recht

ex Rügensche Kleinbahn (RüKB): ex DR 99 4652 / ex FRANK S. abgestellt am 7.8.2001 im Bahnhof Putbus. Foto: Dr. Markus Strässle

Mecklenburgische Bäderbahn »Molli« (MBB)

Das Dampflokwerk Meiningen wird für die MBB einen Nachbau der Loks der Baureihe 99.32 herstellen. Neben den nun schon fünfundsiebzigjährigen O&K-Maschinen 99 321-323 soll diese vierte, gleichartige Lok die Triebfahrzeugsituation der 900 mm-Schmalspurbahn verbessern.

Rügensche Bäder Bahn (RüBB)

Die Eisenbahn-Bau- und Betriebsgesellschaft Pressnitztalbahn (PRESS) ist endgültig die Betreiberin der Schmalspurbahn auf der Insel Rügen, nachdem die Anfechtung des Bieterverfahrens zurückgewiesen wurde.

Der Verkehr war ab 1.1.2008 eingestellt worden.

Seit dem 18.3.2008 gab es einen Überbrückungsverkehr von Binz nach Göhren.

Da Personal, Fahrzeuge und Betriebsanlagen zunächst noch nicht auf die Rügensche Bä-

der Bahn übertragen werden konnten, hat die PRESS diverse Fahrzeuge von verschiedenen EVU in Sachsen nach Rügen gebracht, darunter die Dampfloks 99 773 und 99 787, sowie die Diesellok 199 008 (V 10 C), dazu noch 9 Personen- und 2 Gepäckwagen.

Nach Verkauf des Anlagevermögens der Rügenschein Kleinbahn an den Landkreis Rügen wurden die Fahrzeuge an PRESS vermietet, die sofort begann, Dampfloks zwecks Überholung zu sächsischen Bahnwerkstätten zu bringen.

Auch das RüKB-Personal wurde von der RüBB übernommen.

Seit dem 26.4.2008 rollt wieder der durchgehende Zugverkehr von Putbus nach Göhren.

Die im Besitz von Herrn Walter Seidensticker befindliche ex Heeresfeldbahnlok AQUARIUS C. ist auf Rügen wieder einsatzbereit, aber NICKI+FRANK.S und der Güterwagen GGw 419 wurden aus Rügen weggeholt. Die Lok soll bei der MaLoWa überholt und auf 600 mm umgespurt werden, um anschließend bei der Dampf-Kleinbahn Mühlenstroth (DKBM) eine neue Bleibe zu finden.

SOEG: *Diesellok V 199 019 als Triebwagenersatzzug am 21.7.2007 im Bahnhof Kurort Jonsdorf.*
Foto: Dieter Riehemann

Sächsisch-Oberlausitzer Eisenbahn-Gesellschaft (SOEG)
- Zittauer Schmalspurbahn -

Der reaktivierte VT 137 322 hat im Fahrplan der SOEG einen eigenen Umlauf an Sa + So erhalten. Bei Ausfall des VT fährt die Diesellok V 199 019 mit zwei Personenwagen den Umlauf als Triebwagenersatzzug.   *Dieter Riehemann*

WCd-Festival mit VT 137 322

Die zweite Station mehrerer auswärtiger Einsätze des Zittauer Schmalspurtriebwagens VT 137 322 war am Wochenende 23.-25.5.2008 das 2. »WCd-Festival« im Raum Schönheide. WCd ist die frühere sächsische Streckenbezeichnung Wilkau-Carlsfeld.
Als besondere Überraschung hatten die Museumsbahner kurzfristig den Traglastenwagen 970-571 in Ursprungsausführung mit einer zum Triebwagen passenden Lackierung versehen. Damit konnte der Triebwagen erstmals in einer Zusammenstellung mit einem Beiwagen

zum Einsatz kommen, wie sie in den 1940er bis 1960er Jahren im Raum Zittau typisch war.
Niels Kunick

Bayerische Zugspitzbahn AG (BZB)

Nach Ablieferung neuer Triebwagen wurden die Lokomotiven 3 und 11, die zur Erstausstattung der Bergbahn gehörten, nicht mehr benötigt und dem Deutschen Museum in München überlassen. Am 1.4.2008 wurden sie vor dem neuen Verkehrszentrum an der Schwanthalerhöhe unweit des Oktoberfestgeländes als Denkmal aufgestellt. Die Zahnradlok 11 wurde dabei stilgerecht auf ein ansteigendes Podest gestellt.   *Christian Völk*

Sächsischen Dampfeisenbahngesellschaft (SDG) - Weisseritzbahn -

Am 29.10.2007, mehr als fünf Jahre nach dem Hochwasser, begannen die Wiederaufbauarbeiten an der Weißeritzbahn mit dem Abriss des stark beschädigten Güterschuppens in Ra-

SOEG: *VT 133 322 und Traglastenwagen 970-571 im Sonderzugeinsatz anlässlich des WCd-Festivals im Raum Schönheide.* *Foto: Niels Kuhnick*

benau. So erhielt man Platz für die Vormontage von Gleisjochen und Brückenteilen. Im Bahnhof Rabenau wurden zunächst auch sämtliche Gleise entfernt sowie mit der Restaurierung von Stützmauern begonnen.

Man hofft Ende 2008 wieder durchgehend von Freital-Hainsberg bis Dippoldiswalde fahren zu können.
Die weiterführende Strecke bis Kurort Kipsdorf soll 2009 instand gesetzt werden.

SOEG: *Traglastenwagen 970-571 wurde zum WCd-Festival in den Farben des VT 137 322 lackiert.* *Foto: Niels Kuhnick*

Bayerische Zugspitzbahn: *Loks 11 und 3 als Denkmäler am 15.6.2008 vor dem Verkehrszentrum München.* *Foto Christian Völk*

Diese Bände sind lieferbar!

Kerkerbachbahn-Lokomotiven in der Schweiz ▪ RhB-Depot für die BEMO-Bahn ▪ 44 Seiten Aktuelles

Band 11: 80 Seiten, 39 Farb- + 93 SW-Fotos, EUR 11,50 (D)*.

Regionalisierung der Harzbahnen ▪ Umzeichnung der DB- und DR-Triebfahrzeuge ▪ H0e-Klappanlage

Band 12: 80 Seiten, 33 Farb- + 118 SW-Fotos, EUR 11,50 (D)*.

Inselbahn Spiekeroog ▪ SWEG-Mallet-Tenderlok 105 ▪ Fahrt mit der Mecklenburg-Pommerschen Schmalspurbahn ▪ Die HGe 4/4 II ▪ Lok »Hoya« von Weinert

Band 13: 96 Seiten, 58 Farb- + 124 SW-Fotos, EUR 11,50 (D)*.

RhB-Misonerbahn ▪ Der RhB-Doppelspeisewagen ▪ Feldbahnlok von Henschel ▪ Ausschneidebogen für einen Lagerschuppen ▪ Trichterwagen für H0e

Band 14: 96 Seiten, 37 Farb- + 127 SW-Fotos, EUR 11,50 (D)*.

Hohenlimburger Kleinbahn AG ▪ Werkseisenbahn der Klöckner-Hüttenwerke Hagen-Haspe ▪ Waldeisenbahn Hügelheim in If ▪ Gleisplan einer H0e-Zungenanlage

Band 15: 96 Seiten, 67 Farb- +103 SW-Fotos, EUR 12,50 (D)*.

RhB-Schiebewandwagen ▪ Jarotschiner Kreisbahn ▪ Hafen für die Schmalspurbahn Kastendampflok »Plettenberg« von Weinert

Band 16: 96 Seiten, 158 Farb- + 44 SW-Fotos, EUR 12,50 (D)*.

Drei- und Vierschienengleisbetrieb ÖBB-ET Reihe 4090 ▪ RhB-Ge 4/4 III mit Werbung ▪ HSB-Mallet von Weinert

Band 17: 96 Seiten, 143 Farb- + 35 SW-Fotos, EUR 12,50 (D)*.

Brazdsacher-Netz der Nassauischen kleinbahn ▪ Dampf aller Graubünden Harzbahnlok »99 6102 von Weinert

Band 18: 96 Seiten, 165 Farb- + 24 SW-Fotos, EUR12,50 (D)*.

DR-Diesellok BR 199.8 ▪ ÖBB-Diesellok Reihe 2091 ▪ Tod aus BEMO-Bausatz ▪ Zementsilo Tiercastel für H0m

Band 19: 96 Seiten,184 Farb- und 15 Shwarz-weißfotos, EUR 12,50

Das Prignitzer Schweineschnäuchen ▪ Kerkerbachbahn ▪ 70 Seiten Kurzberichte Sächs. V K von BEMO ▪ RhB-Hilfszugwagen

Band 20: 112 Seiten, 200 Farb- und 29 SW-Fotos.
EUR 15,00 (D).

Eine Nummer, zwei Loks : 99 4511 ÖBB-Diesellok 2093.01 · 70 Seiten Kurzberichte · 99 4532 von BEMO

Band 21: 96 Seiten, 169 Farb- und 20 SW-Fotos, EUR 15,00 (D)*.

Der »Rasende Roland« auf der Insel Rügen · 90 Jahr Lokalbahn Mixnitz-St. Erhard · HF 130-C in Österreich

Band 22: 96 Seiten, , 184 Farb- und 5 SW-Fotos,.
EUR 15,00 (D)*.

Fichtelbergbahn Cranzahl-Oberwiesenthal · Erinnerungen an die ÖBB-Waldviertelbahn

Band 23: 96 Seiten, 157 Farb- und 3 SW-Fotos, 3 Zeichn., EUR 15,00 (D).*

ÖBB-Pinzgauer Lokalbahn Dieselhokomotiven vom Typ V 10 C 100 Jh. Eisfelder Talmühle · Stiege

Band 24: 96 Seiten, 141 Farb- und 15 SW-Fotos, EUR 15,00 (D).*

DR-Dampfleis Baureihe 99.480 ÖBB-Ybbstalbahn ▪ IUKB im Sommer 2006

Band 25: 96 S., 140 Farb- + 3 SW-Fotos, 7 Zeichng., EUR 15,00 (D).*

STLB-Murtalbahn · Bremsberg eines Zementwerkes · Siedlungen auf der Schmalspur-Modellbahn

Band 26: 96 S., 114 Farb- + 22 SW-Fotos, 44 Skizzen, EUR 15,00 (D).*

Verlag Ingrid zeunert

Postanschrift: Postfach 14 07, D 38504 Gifhorn
Hausanschrift: Hindenburgstr. 15, D 38518 Gifhorn
Telefon: 05371-3542 • Telefax: 057 -15114
e-mail: webmaster@zeunert.de • Internet: www.zeunert.de
Umsatzsteuer-ID: DE115235456 • * Porto je Band: EUR 1,40 (D)

Kfb. Bad Doberan-Kühlungsborn West INGLB · Salzkammergut-Lokalbahn ÖBB-Mariazellerbahn vom Papenberzsch Siedlungen auf der Modellbahn Teil 2

Band 27: 96 S., 112 Farb- + 15 SW-Fotos, 3 Zeichnungen, EUR 15,00 (D).*

HSB aktuell
Harzer Schmalspurbahnen GmbH

Matthias Wagener weiter Geschäftsführer
Der Aufsichtsrat der Harzer Schmalspurbahnen GmbH (HSB) hat einstimmig beschlossen, dass der bisherige Geschäftsführer der HSB, Matthias Wagener (50), über den 30. Juni 2008 hinaus für weitere fünf Jahre bis zum Jahr 2013 das Amt des Geschäftsführers der kommunalen Gesellschaft bekleidet. Matthias Wagener ist bereits seit 1997 alleiniger Geschäftsführer der HSB.

Harz-Berlin-Express
Jeden Samstag und Sonntag fährt der »Harz-Berlin-Express« von fünf Berliner Stadtbahnhöfen aus preisgünstig und ohne Umsteigen in den Harz. In Wernigerode und Quedlinburg besteht ein direkter Anschluss an die historischen Dampfzüge der Harzer Schmalspur-

HSB-Geschäftsführer Matthias Wagener.

Harz-Berlin Express: HSB-Dampflok 99 6001 und HEX-Triebwagen im Bahnhof Quedlinburg.
Fotos (2): HSB/pr.

bahnen GmbH (HSB) auf den Brocken und in das Selketal. Nach der Ankunft des »Harz-Berlin-Express« in Wernigerode fährt der Dampfzug der Brockenbahn ab. Der Brockenbahnhof ist der höchstgelegene Bahnhof aller deutschen dampfbetriebenen Schmalspurbahnen und damit ein echtes Muss für jeden Harzurlauber und Eisenbahnliebhaber. Weitere Informationen und Ausflugstipps im Harz gibt es Online abrufbar mit sämtlichen Informationen zu Fahrzeiten, Preisen und Ausflugsmöglichkeiten unter www.hsb-wr.de und www.hex-online.de

Modellbahnanlage
im Wernigeröder HSB-Dampfladen

Die Zeit des Wartens ist vorbei. Jetzt drehen die Miniatur-Dampfzüge auf der nicht nur bei Kindern außerordentlich beliebten Modellbahnanlage im Schaufenster des»Dampfladens No. 6« der HSB in Wernigerode endlich wieder ihre Runden. In mehr als 220 Arbeitsstunden ist die 6,5 Quadratmeter große Anlage von Mitgliedern der Sektion Modellbau des Freundeskreises Selketalbahn e. V. in den zurückliegenden Wochen von Grund auf saniert worden. Ursprünglich von Lokführern der HSB in ihrer Freizeit gebaut, wurde die Modellbahnanlage im Jahre 2000 mit der Einweihung des Dampfladens in unmittelbarer Nähe des historischen Wernigeröder Marktplatzes in Betrieb genommen. Als besonderer Blickfang im Schaufenster des Ladens stellt sie seither Ausschnitte der Brockenbahn rund um Schierke in Nenngröße G dar und kann während der Geschäftszeiten durch eine außen an der Scheibe angebrachte Abfahrtskelle an der Fensterscheibe in Gang gesetzt werden. Nach acht Jahren täglichen Dauereinsatzes war im Frühjahr 2008 eine gründliche Überholung der Anlage erforderlich geworden. Die Mitglieder der Sektion Modellbau des Freundeskreises Selketalbahn e.V. formten die Landschaft mit Styropor vor und begrünten sie anschließend mit verschiedenen Materialien aus dem Miniaturlandschaftsbau und »pflanzten« 157 neue Nadelbäumen. Beide eingesetzten Züge fahren jetzt digitalisiert und programmgesteuert, wodurch ab sofort auch ein Austausch mit den Zügen der Modellbahnanlage im Quedlinburger »HSB-Dampfladen No. 7« möglich ist. In

Wiederinbetriebnahme der G-Spur-Anlage im Wernigeröder »Dampfladen No. 6«. Foto: HSB/pr.

dem vor acht Jahren erfolgreich etablierten Ladengeschäft der HSB wird darüber hinaus aber auch das komplette Souvenir- sowie Fahrkartensortiment der HSB angeboten.

Heide Baumgärtner/HSB/pr.

Erstmals ein Dampfzug (mit 99 5901) auf dem Bahnhofsvorplatz in Nordhausen. Foto: HSB/pr.

Nach Abholzungsarbeiten bietet sich vom Steinberg aus über das Drängetal hinweg ein neuer Blick auf den Tunnel am Kleinen Thumkohlenkopf, den 99 7222 gerade mit einem Zug verlassen hat

HSB-Promotion-Tour

Mit Originaldampflok war die HSB in Braunlage, Goslar und Nordhausen zu Gast. Erstmals in der über 100-jährigen Geschichte der Bahnen fuhr in Nordhausen ein Dampfzug mit der Lok 99 5901 bis auf den Bahnhofsplatz. In den genannten Orten wurde die auf einem Tieflader mitgeführte Dampflok von Einheimischen und Harzurlaubern herzlich empfangen. Ziel der diesjährigen Tour war es, gemeinsam mit Touristikern aus dem Gesamtharz umfassende Informationen rund um die Harzer Schmalspurbahnen und einen Urlaub im Harz zu geben. In Braunlage verwandelte sich der Parkplatz an der Wurmbergseilbahn zu einem großen Bahnhof. In Goslar beherrschte die Dampflok bei meist strahlendem Sonnenschein einen Tag lang die Kulisse des alterwürdigen Marktplatzes der Kaiserstadt. Höhepunkt der diesjährigen Tour war das große Bahnhofsfest in Nordhausen. Tausende Gäste konnten den ganzen Tag lang ein abwechslungsreiches Bühnenprogramm, historische Sonderzüge, Führerstandsmitfahrten, Kinder- und Modelleisenbahn genießen.

HSB schließt Geschäftsjahr 2007 erfolgreich ab

Die Harzer Schmalspurbahnen GmbH (HSB) hat das Geschäftsjahr 2007 erneut erfolgreich abgeschlossen. Mit insgesamt 1,16 Mio. Fahrgästen waren wieder annähernd so viele Fahrgäste auf dem gesamten Streckennetz unterwegs wie im Vorjahr. Davon entfielen 690.000 Fahrgäste auf die Brockenstrecke, was einem Einpendeln auf das Niveau der Vorjahre entspricht. Im Bereich Nordhausen ist im Jahre 2007 mit 255.000 Fahrgästen die Zahl des Vorjahres um ca. zwei Prozent übertroffen worden. Gut stabil geblieben sind die Fahrgastzahlen der Selketalbahn. Hier benutzten etwa 119.000 Fahrgäste die Züge der HSB (Vorjahr 115.000). Trotz der ganzjährig überwiegend widrigen Wetterbedingungen wurden die gegenüber dem Rekordjahr 2006 etwas niedriger angesetzten Planziele erreicht. Auf dem ganzen Streckennetz wurden im vergangenen Jahr ca. 729.000 Zugkilometer gefahren. Mit etwa 10 Mio EURO Gesamtumsatzerlösen zeichnet sich vom reinen Zahlenwert her eine stabile Entwicklung der HSB im Vergleich zum

Die gleiche Szene am Kleinen Thumkuhlenkopf mit einen Neubautriebwagen vom Typ Halberstadt.
Fotos (2): Jügern Steimecke

Vorjahr ab. Allerdings stehen der erfreulichen Umsatzentwicklung auch erheblich gestiegene Aufwendungen gegenüber. So stiegen beispielsweise die Kosten für Energie sowie Betriebs- und Hilfsstoffe erneut um über 10% gegenüber dem Vorjahr an. 258 Mitarbeiter haben ihren Anteil daran, dass die Reisenden im klassischen aber auch im touristischen Schienenverkehr bei der HSB weiterhin ein ansprechendes Ambiente vorfinden konnten. Die Gütertransportmenge auf den Gleisen der HSB betrug im Jahre 2007 ca. 75.000 Tonnen.

Im Fahrzeugsektor fanden u. a. Hauptuntersuchungen an den Dampflokomotiven 99 5902 und 99 7239 statt, wobei letztere mit einem neuen Rahmen sowie neuen Dampfzylindern ausgerüstet wurde. Darüber hinaus wurden die Triebwagen 187 016-019 einer Hauptuntersuchung unterzogen. Einen Teil der Hauptuntersuchungen, so an der Rangierlokomotive 199 011, führte die HSB in ihrer eigenen Werkstatt durch.

Zur Erhöhung der Verkehrssicherheit wurden im Bereich Nordhausen der Bahnübergang Freiheitsstraße und in Ilfeld der Bahnübergang Karl-Marx-Straße mit technischen Sicherungsanlagen inklusive Halbschranken ausgerüstet und bis Mitte Mai 2008 in Betrieb genommen. Im Verlaufe der Bundesstraße 4 wurden in der Ortslage Ilfeld am Bahnübergang Posten Schanze kurz zuvor die alten Sicherungsanlagen durch moderne Halbschranken und eine neue Lichtzeichenanlage ersetzt. Im Bereich Nordhausen begannen darüber hinaus die Vorbereitungen zum Umbau des gemeinsam von HSB, DB AG und der Spedition Will genutzten Bahnüberganges in der Freiherr-vom-Stein-Straße. Zur Beseitigung der bestehenden Verkehrsprobleme wird dieser 2008 in eine Fußgänger- und Straßenunterführung umgewandelt. Die HSB erhielt für die bevorstehenden Bauarbeiten am 5.11.2007 vom Freistaat Thüringen einen entsprechenden Zuwendungsbescheid in Höhe von 1,2 Mio EURO. Darüber hinaus sind weitere Arbeiten im gesamten Umfeld und auf dem weit verzweigten Streckennetz vorgesehen, um den Erwartungen der Fahrgäste und Urlauber im Harz in Zusammenarbeit mit den Landkreisen, Städten und Gemeinden als kommunale Gesellschafter

Er war eine der Hauptattraktionen des Bahnschnuppertages: Der historische Schlepptriebwagen NWE T3 (Bj. 1939) pendelte mehrmals zwischen Nordhausen Nord und Eisfelder Talmühle.   Foto:HSB/pr.

der HSB sowie dem Land Sachsen-Anhalt bzw. dem Freistaat Thüringen als wichtige Zuwendungsgeber an die HSB weiterhin gerecht zu werden.

Erster HSB-Bahnschnuppertag im Südharz

Die Sonne lachte am 13.1.2008 von einem wolkenlosen Himmel und meinte es gut mit dem ersten Bahnschnuppertag der HSB, der auch mit Unterstützung der Verkehrsbetriebe Nordhausen veranstaltet wurde. Viele Einheimische und Gäste nutzten das bislang einmalige Angebot, die historischen wie modernen Züge im Südharz zwischen Nordhausen und Eisfelder Talmühle beliebig oft zu nutzen. Im Pauschalpreis mit eingeschlossen waren gleichzeitig geführte Wanderungen, die Besichtigung des Besucherbergwerkes Rabensteiner Stolle sowie die Nutzung der modernen Duo Combinos auf der Nordhausener Straßenbahnlinie 10. Die Besucher strömten zahlreich, und so tummelten sich auf dem Bahnhof Eisfelder Talmühle gerade zur Mittagszeit besonders viele Menschen. Im frisch restaurierten Empfangsgebäude des eher abgelegenen Bahnhofes befindet sich seit kurzem eine privat geführte

Gaststätte, in der sich viele für die geführten Wanderungen nach Netzkater stärkten. Auf dem entsprechenden Wanderweg dorthin waren dann auch zeitweise lange Menschentrauben unterwegs. Die meisten Wanderer nutzten anschließend gleich die im Preis inbegriffene Führung durch den Rabensteiner Stollen.

Besonders großer Andrang herrschte ebenfalls bei den Fahrten des historischen Triebwagens NWE T3, der an diesem Tag gleich mehrmals nach einem Sonderfahrplan zwischen Nordhausen und Eisfelder Talmühle pendelte. Das 1939 gebaute und in den Farben der ehemaligen Nordhausen-Wernigeroder Eisenbahn (NWE) lackierte Fahrzeug ist ansonsten nur eher selten im Harz zu sehen. Auch die zahlreich aus Nah und Fern angereisten Eisenbahnfans hatten ihre Freude beim Anblick des nostalgischen Triebwagens und gönnten ihren Fotoapparaten keine Ruhe.

Der gelungene Mix aus abwechslungsreichem Zugangebot und Attraktionen entlang der Strecke sowie das herrliche Sonntagswetter machten den Bahnschnuppertag zu einem vollen Erfolg.   *HSB/pr.*

99 7236 (links) und 99 7245 kreuzen mit ihren Zügen im Juli 2008 im Bahnhof Drei Annen Hohne.
Foto: Jürgen Steimecke

VT 187 017 am 19.4.2008 im frisch renovierten Bahnhof Eisfelder Talmühle.   Foto: Jürgen Steimecke

Im Juni 2008 fuhren mehrmals täglich HSB-Schotterzüge Nordhausen-Eisfelder Talmühle-Anschluss Steinbruch Unterberg und zurück. Das Bild zeigt den Steinbruch. Unten rechts der Gleisanschluss.

199 872 mit 12-Wagen-Schotterzug nach Nordhausen im Bahnhof Eisfelder Talmühle. In Nordhausen wurden die Züge zu Ganzzügen zusammengestellt und in die Niederlande abgefahren.
Foto gegenüber: *Schotterverladung im Gleisanschluss Unterberg.*   *Fotos (3) Jürgen Stemecke*

Schmalspurbahnen in Österreich

Achenseebahn

Am 16.5.2008 führte eine Brand in der Rauchgaswäsche des Lokschuppens beinahe zum Ende der Bahn. Der Lokschuppen und die Lok Nr. 1 wurden ein Raub der Flammen. Durch den beherzten Einsatz eines Lokführers konnte die Lok Nr. 2 gerettet werden. Die Lok Nr. 3 und 4 standen glücklicherweise in der Werkstätte. Durch einen umfangreichen Einsatz der Feuerwehr war der Brand nach einer Stunde gelöscht, und alle Nachbargebäude konnten vor Schäden bewahrt werden. Der Lokschuppen wird wieder aufgebaut und Lok Nr. 1 instandgesetzt. Der planmäßige Betrieb konnte weiter aufrechterhalten werden.

Dr. Stefan Lueginger

Straßenbahn Gmunden (St+H)

Bauarbeiten
Die Neulage des Gleises von der Bezirkshauptmanschaft bis zur Endstation wurde bereits beendet. Man wartet jetzt auf ein gutes Ergebnis bezüglich der Lärmentwicklung im neuen Streckenabschnitt von hier bis zur Endstation. In der Haltestelle Tennisplatz wurde eine Unterwerksstation gebaut.

Grosse Feuer
Die Gmuniner Straßenbahn hatte am 24.4.2008 Grund zu feiern und mit ihr die ganze Traunseestadt, Es galt, offiziell die sanierte Trasse der »Kleinsten Straßenbahn der Welt« mit den heutigen Anforderungen entsprechenden Haltestellen in Betrieb zu nehmen. Mehr Kom-

Achseebahn: Ruine des abgebrannten Lokschuppens. Foto: Dr. Stefan Lueginger

Strassenbahn Gmunden
Oben: *Tw 10 am 21.2.2008 in der im Umbau befindlichen Haltestelle Tennisplatz.*
Mitte: *Die neu gestaltete Haltestelle Tennisplatz mit dem Unterwerk.*
Unten: *Sommer-Tw 100 und Oldtimer-Tw 5 am 24.4.2008 mit den Festgästen bei der Einfahrt in die Haltestelle Tennisplatz.*
Fotos (3): Karl Weigl

fort, behindertengerecht und geräuschärmer - die Straßenbahn in Gmunden ist jetzt bereit für die Zukunft. Von Landeshauptmann-Stellvertreter Erich Haider und Bürgermeister Köppl wurde um 16.00 Uhr die neue Straßenbahnhaltestelle Tennisplatz eröffnet. Bei diesen Festakt wurden die beiden Oldtimer-Tw 5 und Tw 100 eingesetzt welche die Festgäste zur Haltestelle Tennisplatz brachten.

Gleisbau
Die Stern + Hafferl Verkehrsgesellschaft als Betreiber der Gmundener Straßenbahn hat ein maßgeschneidertes Konzept für den Oberbau entwickelt so dass die Straßenbahn nun auf der Esplanade, dem Boulevard am Traunseeufer, erschütterungsfrei und fast geräuschlos verkehren kann. Neben den Maßnahmen für eine komfortablere Fahrt und weniger Lärm wurden vor allem für ältere und behinderte Menschen mit dem Umbau einiger Haltestellen viele Verbesserungen geschaffen.
Auch Aufmerksamkeitsfehler für Sehbehinderte wurden in die Bahnsteige eingebaut. Barrierefreie Zugänge sowie längere und höhere Bahnstei-

***Gmunden-Vorchdorf:** 23 112 am 24.5.2008 in Gmunden Seebahnhof.*   Foto: Thomas Haberl

ge bei den Haltestellen Rosenkranz, Franz-Josefs-Platz und der Bezirkshauptmannschaft ermöglichen ein leichteres Aus und Einsteigen. Die Haltestelle Tennisplatz wurde von Ende Februar bis Mitte April 2008 völlig umgebaut und großzügig gestaltet.

Der Einsatz von neuen Fahrzeuge in der Zukunft machte eine Verstärkung der Stromversorgungs- und der Fahrleitungsanlagen notwendig. Das dafür am Tennisplatz errichtete Unterwerk stellt nun die Stromversorgung für die gesamte Strecke sicher. Die Umbauarbeiten wurden auch notwendig um neue, moderne und klimatisierte Niederflurfahrzeuge einsetzen zu können. Schon im September 2008 erfolgte der Einsatz einer neuen Niederflurstraßenbahn, vorläufig als GV-Probebetrieb. Für die neuen Haltestellen Rennweg mit Rosenkranzstraße und Energie AG-Kreisverkehr wandte man ca. 1.5 Millionen Investitionskosten auf. Diese werden zu 75 Prozent durch das Land und zu 25 Prozent durch die Stadtgemeinde Gmunden finanziert. Damit sind von der Infrastruktur her alle Voraussetzungen für die weitere Modernisierung und den Ausbau

der Straßenbahn geschaffen. Diese gehen in zwei Richtungen, einmal die Verlängerung der Bahn nach Traundorf mit Anbindung an die Vorchdorfer Lokalbahn, und zweitens die Anschaffung neuer Niederflur-Triebwagen.

Die Straßenbahn hat für den Nahverkehr in Gmunden eine wichtige Bedeutung, ist aber auch ein ganz besonderes Kleinod der Stadt. Heuer leistet die Tram mit den nostalgischen Triebwägen einen Beitrag zur Landesaustellung Salzkammergut. Sie bietet 2008 jeden Samstag, Sonntag und Feiertag Sonderfahrten mit den alten Triebwagen an.   *Karl Weigl*

St+H-Lokalbahn Gmunden-Vorchdorf (GV)

Der Kampf von Immobilien-Investor Hans Ashamer um dem alten Seebahnhof in Gmunden nimmt kein Ende. Der Bahnhof steht dem Baubeginn des Hotels »Lacus Felix« im Weg. Der Grund für den Rückschlag sind zähe Verhandlungen mit den ÖBB. Die Bagger für das Vier-Sterne-Hotel »Lacus Felix« in Gmunden wurden bereits im November 2007 erwartet, vorgefahren sind sie aber 2008 noch immer nicht. Der

Gmunden: IVB-Tw 301 am 28.8.2008 versuchsweise bei GV in Gmunden-Seebahnhof.   Foto: K. Weigl

alte Seebahnhof wurde zwar aus dem Denkmalschutz befreit, seine Verlegung, das heißt eine neue Endstation für die Lokalbahn, steht aber immer noch aus. Investor Ashamer muss warten. »Die Liegenschaft hat die Stadt Gmunden längst gekauft«, sagte zwar ÖBB-Sprecher Mario Brunnmayr. Aber die Bahn hat auch ein Nutzungsrecht auf die Schienen, wofür sie nun Geld fordert. Zwar fährt darauf auf einem Dreischienengleis die Lokalbahn Gmunden-Vorchdorf, aber die ÖBB haben hier schon seit 25 Jahren keinen Betrieb mehr. Es ist für einen Eisenbahnfreund schwer, ein Urteil zu fällen. Natürlich trauert man dem alten Bahnhof in einem schönen Park am Seeufer nach, andererseits ist ein Hotel gehobener Klasse für die weitere Entwicklung des Tourismus der Stadt Gmunden von enormer Bedeutung. *Karl Weigl*

STLB-Murtalbahn

Als Ergänzung der Kesselwagenflotte für Heizöltransporte hatte man bereits vor einiger Zeit zwei Tankcontainer beschafft, die man auf die beiden vierachsigen Rungenwagen SSrm 882 und 883 gestellt und in eigener Werkstatt die für den Be- und Entladevorgang auf der Bahn üblichen Anschlüsse entsprechend umgebaut hat. Diese beiden Containerwagen kommen nun seit dem Winter 2007/2008 auch ergänzend zu den schon seit 1974 und 1982 vorhandenen Kesselwagen ZZm 681-684 zum Einsatz. Probefahrten haben zudem ergeben, dass diese Container auf der Gesamtstrecke der Murtalbahn von Unzmarkt bis Tamsweg verkehren dürfen, und sich deren Verwendung nicht auf den Streckenabschnitt Unzmarkt-Murau beschränken muss. Die drei auf der Murtalbahn zwischen Murau und Ramingstein vorhandenen Tunnel können ohne Gefahr mit den Containern passiert werden.

Die Werkstätte Murau der Murtalbahn hat in den vergangenen Monaten den gesamten aus derzeit fünf Wagen bestehenden Schotterzug der Bahn umgebaut und neu lackiert, so dass nun eine einheitliche Garnitur mit im Oberteil gekürzten Schotter-Trichterwagen - bestehend aus den Tpm 571, 572, 573, sowie Tm 579 und 580 zur Verfügung steht. Durch das Kürzen der Wagen sollen Überladungen möglichst

STLB-Murtalbahn: *Tankcontainer für den Heizöltransport, der auf den Rungen- bzw. Containertransportwagen SSm 882 verladen worden ist (Unzmarkt 14.10.2007).* Foto: Dr. Markus Strässle

vermieden werden, wodurch das Risiko einer Schwerpunktverlagerung und des Umkippens vermindert wird

In der Werkstätte Murau wurde auf dem Untergestell des Niederbordwagens Jknm 353 ein neuer Bauzugmannschafts- und Geräte-Wagen aufgebaut. Dieser erinnert zwar in der Form an einen auf den Wagen aufgesetzten Unterkunftscontainer, ist aber den Bedürfnissen der Gleisbaurottenarbeiter entsprechend zweckmässig eingerichtet und dient einerseits als Unterkunft und Werkzeug-Magazin auf Gleisbaustellen, andererseits bietet die kleine Ladefläche auf der einen Wagenhälfte noch die Gelegenheit, weiteres Werkzeug, etwas Baumaterial oder zum Beispiel ein grösseres Stromaggregat zum Beispiel zur Tunnelbeleuchtung bei Bauarbeiten etc. mitzuführen Der Umbau dieses Wagens ist als zweckmässig und vor allem den Gleisbauarbeitern zu Gute kommend entsprechend positiv zu werten.

Ebenfalls äusserst erfreulich ist aus der Sicht des Berichterstatters die Tatsache zu werten, dass nach einem längeren Unterbruch nun wieder einige der Güterwagen des normalen Wagenparks einer Hauptausbesserung mit Ersatz morscher Bretter und kompletter Neulackierung etc. unterzogen wurden. Damit können diese Wagen auch längerfristig für mögliche Gütertransportaufgaben vorgehalten werden und sind nicht dem sonst drohenden schrittweisen Zerfall preisgegeben. Aktuell waren im Frühjahr 2008 die drei Wagen Glm 151, Glm 153 (beide gedeckte, Vakuum- und handgebremste Wagen mit Bremserbühne) und der vierachsige Hochbordwagen OOm 473 mit Neulack in Murau zu sehen. Nun ist zu hoffen, dass auch noch einige weitere Wagen des mit über hundert Güterwagen recht umfangreichen Wagenparks der Murtalbahn diese »Verjüngungskur« mit Neulackierung durchlaufen werden.

Zuletzt möchte ich noch kurz berichten, dass mein eigener Hochbord-Wagen K 555 (dreiachsig, Vakuum- und Handbremse, Bremserbühne, Baujahr 1894) eine umfangreiche Haupausbesserung mit Neubeplankung und Überholung sämtlicher sicherheitsrelevan-

Murtalbahn: Diesellok VL 12 mit den umgebauten Schotterwagen Tpm 571 + 572 + 573 und Tm 579 + 580 am 31.7.2008 im Bahnhof Murau. Foto: Dr. Markus Strässle

STLB-Murtalbahn: Schotterwagen aus der Serie Tm 571 ff. am 14.3.2008 noch ohne Beschriftung. Der Wagen entstand durch Umbau eines Kohletrichterwagens, der durch Kürzen/Abschneiden des Aufbaus in der Werkstätte Murau entstand. Foto: Dr. Markus Strässle

STLB-Murtalbahn: Tw-Zug (vorn VS 43) am 11.7.2003 im Bahnhof Stadl/Mur. Foto: Dr. St. Lueginger

ter Bremsbestandteile etc. hatte. Der Wagen steht für Sondereinsätze (GmP-Fahrten etc.) und als betriebsfähiges Museumsfahrzeug auf der Murtalbahn zur Verfügung und bereichert meine kleine Sammlung an historischen Murtalbahn-Güterwagen in vortrefflicher Weise.

Im übrigen wird der Verkehr der Murtalbahn von den gewohnten Fahrzeugen abgewickelt. Im Planpersonenverkehr kommen die fünf Dieseltriebwagen VT 31-35 und die drei Steu-

erwagen VS 42-44 zum Einsatz. Für den Güterverkehr stehen für die Bespannung der Güterzüge die beiden Diesellokomotven VL 12 und VL 13 zur Verfügung. Im Verschub im Bahnhof Unzmarkt kann fallweise die kleine Diesellok VL 6 (ex RSE V 11) und im Bahnhof Murau die VL 7 (ex NK V 18, Gmeinder 3143/1940) im Einsatz beobachtet werden.

Für die Bespannung der am Dienstag und Mittwoch im Sommer verkehrenden Dampfbummelzüge der STLB stehen die beiden Dampfloks Bh 1 und U 11 gemeinsam mit 8 historischen Personenwagen im Einsatz. Zwei weitere Vierachser Ba 74 und Ba 76 sind derzeit in Murau abgestellt.

Die drei Dampfloks 2 STAINZ, U 40 und U 43 sind derzeit wegen Fristablaufs ebenfalls ausser Betrieb in Murau und Frojach abgestellt, ebenso die beiden Dieselloks VL 5 (Frojach) und VL 4 (Murau). Für die Bahnerhaltung steht die schwere Draisine X 52 in Murau zur Verfügung.

STLB-Murtalbahn: Der neue Baudienstwagen am 14.5.2008 beim Umbau in der Werkstätte in Murau. Basis ist der Güterwagen Iknm 353.   Foto: Dr. Markus Strässle

Dr. Markus Strässle

Sonderfahrt auf der Murtalbahn: VL 7 (Gmeinder 1940/3143) als »GmP« mit den Wagen G 165 + K 555 + F 954 + STLB-G 64 am 1.8.2008 im Bahnhof Murau-Stolzalpe.   Fotos (3): Dr. Markus Strässle

Diesellok VL 7 mit GmP auf der Murtalbahn

Am 1 8.2008 verkehrte auf der STLB-Murtalbahn ein kurzer GmP als privater Fotosonderzug für einige Eisenbahnfreunde und auch einige eingeladene Urlaubsgäste. Der Zug wurde aus den folgenden Fahrzeugen gebildet: VL 7 + G 165 + K 555 + F 954 + Ci 64, und er verkehrte über die Strecke Murau - St. Lorenzen - Murau - Triebendorf - Murau. Besonderer Anlass war unter anderem der runde Geburtstag des jüngsten und soeben neu lackierten gedeckten Güterwagens G 165 mit Baujahr 1908 (ex G 151, ex G 503 der STLB) sowie die

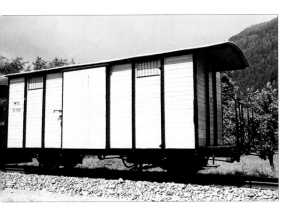

Murtalbahn: G 165 (Bj. 1908; ex STLB G 151, ex G 503) erhielt zum 100-jährigen Geburtstag eine Neulackierung.

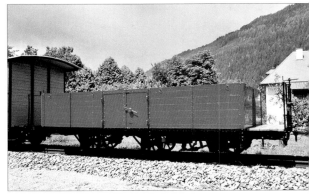

Murtalbahn: K 555 (Bj. 1894) nach der 2003-2008 erfolgten Aufarbeitung am 1.8.2008 erstmals auf Probefahrt.

ÖBB-Mariazellerbahn: *1099 003 am 14.2.2008 mit E 6837 in Mariazell.*   Foto: Thomas Haberl

Fertigstellung der länger dauernden Aufarbeitung des Hochbordwagens K 555 mit Baujahr 1894. Der älteste Wagen des Zuges war der frühere SKGLB- und STLB-Postwagen und spätere Hilfszugwagen F/s 954 mit Baujahr 1891. Die Diesellok VL 7 (Gmeinder Fabriknummer 3143/Baujahr 1940) erfreute sich mit ihren erst 68 Jahren fast schon jungendlicher Frische.

Bei gutem Wetter und mit zahlreichen Fotohalten kamen alle Fahrgäste auf Ihre Rechnung. Einige Kinder der eingeladenen Urlauberfamilien hatten zudem die Möglichkeit, jeweils einen Streckenabschnitt im Führerhaus der Diesellok mitzufahren, was dem Vernehmen nach allen gut gefallen hat und vielleicht im einen oder anderen Kind ein gewisses Interesse für die Eisenbahn wecken konnte.

Für meine Fahrzeuge war dieser Anlass eine schöne Gelegenheit, zur Freude der Teilnehmer wieder einmal auf die Strecke zu kommen und zu zeigen, dass sie noch lange nicht zum alten Eisen gehören. Es ist geplant, in den kommenden Jahren noch zwei bis drei weitere Güterwagen in ähnlicher Weise aufzuarbeiten und mit dem historischen Murtalbahn-Güterzug einen kleinen Beitrag zur Darstellung der

Verkehrsgeschichte des oberen Murtals zu leisten.   *Dr. Markus Strässle*

ÖBB-Mariazellerbahn

Braun ist die neue (alte) Modefarbe der Mariazellerbahn. Nach der Garnitur für den »Ötscherbär« mit 1099.013 (trägt »Ötscher Bär-Logo«) und 7 Wagen (1 GGm-Fahrradwagen, 1 Kinderspielwagen, 1 BD, 1 AB, 1 Buffetwagen und 2 B) wurde Anfang 2008 auch die 1099.007 mit braunem Neulack und altem ÖBB-Zeichen versehen.

Seit der Eröffnung des Traisentalradweges (St. Pölten-St.Aegyd-Kernhof-Mariazell) ist auch der Fahrradtransport auf der Strecke nach Mariazell stark gestiegen. Die Radstrecke Mariazell-St. Pölten ist zwischenzeitlich so beliebt, dass manche Züge mit zwei Fahrradwagen geführt werden müssen.

Zwischen Mitte April und Ende Mai 2008 wurden zwischen Winterbach und Gösing umfangreiche Sanierungsarbeiten durchgeführt, wodurch auch die seit Monaten bestehenden Langsamfahrstellen für 20 km/h beseitigt werden konnten.

ÖBB-Mariazellerbahn: »Ötscher Bär«-Stammlok 1099 013.   Foto: Thomas Haberl

Zum 100-Jahrjubiläum der Mariazellerbahn wurden einige Sonderzüge in Verkehr gesetzt, für die die ehemalige Mariazellerbahnlok Bh.1 (ex ÖBB 398.01, jetzt Murtalbahn) zur Verstärkung aus Murau ausgeliehen wurde. Gemeinsam mit der Mh.6 führte sie am 5. + 6.5.2007 Züge über die eindrucksvolle Bergstrecke nach Mariazell (5.5.) und Gösing (6.5.). Die Garnitur für die Sonderzüge wurde jeweils mit dem Planzug 6837 nach Kirchberg an der Pielach gebracht, wo die Sonderzuggarnitur abgehängt und die beiden Dampfloks vorgespannt worden sind. Leider wurde die Mh.6 am 6.5.2008 untauglich (undichter Bodenring am Stehkessel) und musste nach diesen Sonderfahrten abgestellt werden. Sie stand daher auch für die weiteren Sonderfahrten zu Pfingsten 2008 nicht zur Verfügung.

Diese wurden von der Bh.1 und der ebenfalls anwesen-

den 699.103 (ÖGEG) übernommen. Anlässlich von Streckensanierungsarbeiten war die Bergstrecke Laubenbachmühle-Mariazell im Frühjahr 2008 für einige Wochen ohne Zugverkehr. Es gab einen Ersatzverkehr mit Autobussen. Für den starken Besucher- und Wallfahrtpilgerandrang zu Pfingsten (11.-12.5.2008) wurde

ÖBB-Mariazellerbahn: Dieselsonderzüge mit 2190.02 (links) und 2091.11 nach Mank und Kirchberg Pfingsten 2007 vor der Abfahrt in Ober Grafendorf.   Foto: Thomas Haberl

ÖBB-Ybbstalbahn: Vier Loks in vier Lack- und Beschriftungsvarianten am 28.8.2007 in Waidhofen: 2095 008 (damals in Aufarbeitung), 2095.05, 2095 010 und 2095 007.   Fotos (4): Thomas Haberl

die Streckensperrung für zwei Zugpaare aufgehoben. Im Einsatz unter der abgeschalteten Fahrleitung waren die Dieselloks 2095 011 + 013 in Doppeltraktion.   *Thomas Haberl*

ÖBB-Ybbstalbahn

Nach hochwasserbedingter Unterbrechung und fast vier Monaten Wiederaufbau wurde mit Dezember 2006 der Zugbetrieb auf der Strecke Opponitz-Lunz am See wieder aufgenommen. Die offizielle Wiedereröffnung fand am 3.12.2006 mit dem von 2095.05 geführten Planzug 6905 statt. Bemerkenswert ist, dass 2006 auch während der Streckenunterbrechung der letzte Schmalspurgüterzug der ÖBB (dienstags wenn Werktag) weitergeführt wurde, wenn auch auf der verkürzten Strecke Waidhofen-Opponitz.
Seit der Wiedereröffnung nach Lunz am See werden nun Großhollenstein und Opponitz im Güterverkehr bedient. Holzzüge mit bis zu 18 (!) beladenen Wagen waren seit Frühjahr 2007 keine Seltenheit. Insgesamt standen im Sommer 2007 etwa 40 Rungenwagen Bauart SSm/s für diese Transporte zur Verfügung.
»7 Tage - 7 Gemeinden« lautet das Werbean-

gebot der ÖBB und der Anrainergemeinden, um den Ausflugsverkehr auf der Ybbstalbahn anzukurbeln. Jeden Tag bietet eine andere Gemeinde ein entsprechendes Rahmenprogramm, mit dem Gäste in das malerische Ybbstal gelockt werden sollen.
Die Murtaler Bh.1 gab am 17.5.2007 ein kurzes Gastspiel auf der Ybbstalbahn. Mit einem Sonderzug der ÖBB-Erlebnisbahn befuhr sie die Gesamtstrecke von Kienberg-Gaming nach Waidhofen und zurück.
Im Rahmen der Niederösterreichischen Landesausstellung 2007 »Feuer & Erde« in St. Peter und Waidhofen/Ybbs fanden auch auf der Ybbstalbahn zahlreiche Aktivitäten statt. Jeden Samstag von Mai bis Anfang November 2007 verkehrten Erlebniszüge wechselweise nach Ybbsitz und Opponitz. Als Triebfahrzeuge kamen die Yv.2 und 2091.09 zum Einsatz. An den Feiertagen im Ausstellungszeitraum verkehrten holzgefeuerte Pendelzüge mit der Yv.2 zum Lokalbahnhof in Waidhofen. Alle Triebwagen der Ybbstalbahn (5090 009 bis 013) erhielten zur Landesausstellung an den Seitenwänden entsprechende Werbeaufschriften.
Die Ybbstaler Lokomotiven der Reihe 2095 erhielten nunmehr wie auch die sechs planmä-

ßig eingesetzten Personenwagen eine Neulackierung in Rot mit elfenbeinfarbiger Bauchbinde. Ende 2007 waren 2095 009, 2095 010 und die 2095 008 fertig gestellt.

2095.05 ist Nostalgielok im Anstrich der frühen 1960er Jahre.

2095 007 wurde nach einem technischen Gebrechen Anfang August 2007 zuletzt nur noch im Verschub eingesetzt.

Der Barwagen 5700 bekam einen grünen Neulack. Die drei zweiachsigen Personenwagen des Club 598 erhielten eine Revision mit Neulack in Ybbsitz.

399.01 weilte Ende August / Anfang September 2007 zu Reparaturarbeiten in Waidhofen an der Ybbs.

Am 7.9.2007 wurde die Ybbstalbahn nach einem neuerlichen, heftigen Hochwasser an mehreren Stellen beschädigt. Besonders stark betroffen war auch diesmal der Abschnitt zwischen Opponitz und St. Georgen am Reith. Im Bereich der Haltestelle Seeburg wurde der erst im Vorjahr sanierte Bahndamm erneut von den Wassermassen weggerissen. Fehlende Entscheidungen seitens der

ÖBB-Ybbstalbahn
Oben: *Neu lackierter Barwagen 5700 am 16.6.2007 in Lunz am See.*
Mitte: *Wiederaufbau der Ybbstalbahn bei Seeburg. Gleisbaumaschinen am 31.10.2006 auf der Rückkehr von einem Arbeitseinsatz.*
Unten: *2091.09 am 10.5.2008 bei ihrem Ersteinsatz nach Aufarbeitung (Zug 6914 in Lunz).*

ÖBB-Ybbstalbahn: *Eröffnungszug mit 2095.05 am 3.12.206in Lunz am See.* Foto: Thomas Haberl

ÖBB ließen das Schlimmste befürchten. Erst im November 2007 wurden die Sanierungsarbeiten für das darauf folgende Frühjahr 2008 fixiert. Aber nach einer nur sechs Monate dauernden Streckenunterbrechung fuhren seit dem 14.3.2008 wieder durchgehende Züge bis Lunz am See. Die Bauarbeiten hatten in Summe nur wenige Wochen gedauert und wären bei rascher Entscheidung wohl auch im Herbst 2007 problemlos durchführbar gewesen! Die offizielle Wiedereröffnung fand am 5.4.2008 mit den von 2095 009 geführten Planzügen 6907/14 statt.

2095 007 erhielt zwischenzeitlich in der Werkstätte St. Pölten eine Ausbesserung mit gleicher Lackierung wie die Ybbstalloks. Zusätzlich erhielt sie auch ein rotes Schlusslicht eingebaut (wie bei 2095.12 im Waldviertel). Sie verbleibt (vorläufig) in St. Pölten.

Die 2091.09 wurde technisch aufgearbeitet und hatte zu Pfingsten 2008 ihre ersten Ausfahrten vor den Zügen 6907/14 nach Lunz am See. Weitere Einsätze laut Nostalgieprogramm der ÖBB sollen folgen.

Auch der dienstags verkehrende Güterzug wird wieder bis Großhollenstein geführt.

Der Bestand der Ybbstalbahn in ihrem jetzigen Bestand ist über das Jahr 2008 hinaus keineswegs gesichert. Zahlreiche Langsamfahrstellen zwischen Gstadt und Ybbsitz gehören dringend saniert, bevor dort weitere Geschwindigkeitsbeschränkungen den heute dichten Fahrplan unmöglich machen. Auch zwischen Großhollenstein und Lunz am See müssten dringend Sanierungsmaßnahmen am Gleis durchgeführt werden. Am 4.7.2008 erfolgte nach vorangegangenen Streckenuntersuchungen die sofortige Sperre der Streckenabschnitte Großhollenstein-Lunz am See und Gstadt-Ybbsitz. Grund dafür waren schwere Mängel am Oberbau, die bei Befahrung mit der Gleismesslehre in den Tagen davor festgestellt worden waren.

Überraschenderweise begann bereits am 7.7.2008 der Tausch von etwa 600 Schwellen auf dem gesperrten Abschnitt Richtung Lunz und auf der Strecke nach Ybbsitz sollen ca. 1400 Schwellen getauscht werden. Die Wiederaufnahme des Betriebs Großhollenstein-Lunz am See erfolgte am 18.7.2008 mittags, die Strecke Gstadt-Ybbsitz ist ab 1.8.2008 wieder von Zügen befahren worden.

Der B4ip/s 3104 erhielt eine Ausbesserung in Waidhofen und wurde am 1.7.2008 offiziell vorgestellt. Er trägt nun Werbung für Lunz am See und Stängl Modellbahnen. *Thomas Haberl*

ÖBB-Waldviertel: 399.01 am 20.4.2007 mit dem »Wirtezug« (Vorstellung des Jahresprogramms für Beherbergungsbetriebe der Region Waldviertel) in Weitra. Foto: Thomas Haberl

ÖBB-Waldviertler Schmalspurbahnen

Mitte April 2007 kehrte die 399.03 aus Meiningen zurück, so dass kurzzeitig zwei betriebsfähige Loks der Baureihe 399 im Waldviertel zur Verfügung standen. Nach Probefahrten und der Saisoneröffnung am 1.5.2008 (Doppeltraktion beider Maschinen) wurde entschieden, die 399.01 im Waldviertel zu belassen, während die 399.03 nach Zell am See zur Pinzgaubahn überstellt wurde. *Thomas Haberl*

ÖGLB-Ybbstalbahn-Bergstrecke

Das traditionelle Heizhausfest in Kienberg-Gaming fand heuer am 10./11.5. statt. Die rumänische Gastlok »Criscior 5« führte gemeinsam mit der Uv.1 die Züge von Kienberg-Gaming nach Lunz und zurück. Gezeigt wurden auch mehrere aufgearbeitete Wagen, darunter C 11 und D 50 (ehemals Lokalbahn Mixnitz-St. Erhard). Der D 50 wurde als Wagen E 254 der k.k. Bosnabahn rekonstruiert. In Fertigstellung begriffen sind weiters zwei dreiachsige Aussichtswagen, die in ähnlicher Ausführung in der Zwischenkriegszeit auf der Mariazellerbahn zum Einsatz kamen.

Die ÖGEG 298.102 gab im Juni 2007 ein kurzes Gastspiel auf der Museumsbahn Kienberg-Gaming – Lunz am See. Am 16.6.2007 wurde sie sogar gemeinsam mit der Uv.1 der ÖGLB eingesetzt. *Thomas Haberl*

Pöstlingbergbahn

Die Pöstlingbergbahn gehört zu Linz wie die Donau, die Dreifaltigkeitssäule oder die Linzer Torte. Seit 110 Jahren ist sie eine große Attraktion der Landeshauptstadt. Eine Fahrt mit ihr, vor allem gar bei Schönwetter im offenen Triebwagen, hat Generationen von Menschen Freude bereitet. Ihren 110. Geburtstag wird die steilste Adhäsionsbahn Europas auf Schienen, so wird sie im »Guinnessbuch der Rekorde« gepriesen, außer Betrieb feiern. Denn nach Ostern 2008 hieß es vorerst: Adieu, liebe alte Pöstlingbergbahn! Die Pöstlingbergbahn wird derzeit von ihrer bisherigen Endstelle Urfahr bis zum Linzer Hauptplatz verlängert und modernisiert. Sie wird ein neues Gesicht bekommen. Eine moderne Generation von nostalgisch gestylten Niederflurwagen und drei revitalisierte alte Triebwagen werden im Kulturhauptstadtjahr 2009 die verlängerte Strecke bedienen. Die

Fotos Haberl CD

Pöstlingbergbahn: *Tw XVI (links) und Sommer-Tw I am 24.3.2008 vor dem Depot.* Foto: Karl Weigl

historische Talstation in Urfahr hat dann ausgedient und wird als Museum die Erinnerung an die alte Bergbahn lebendig erhalten.

Die Errichtung der Pöstlingbergbahn, die auf ihrer 2.9 Kilometer langen Strecke 255 Höhenmeter überwindet, war angesichts einer Trassenführung mit einer Maximalsteigung von 11.6 Prozent eine technische Meisterleistung ihrer Zeit. Ihr geistiger Vater ist Josef Urbanski. Der Ingenieur aus Galizien kam 1889 beruflich nach Linz. Der Pöstlingberg verzauberte ihn, die Idee, ihn mit einer Bahn zu erschließen, ließ ihn nicht mehr los. 1891 eröffnet Urbanski dem Hohen k.k. Ministerium, dass er mit Vorarbeiten zur Anlage einer Zahnradbahn mit dem Ausgangspunkte Urfahr auf den Pöstlingberg beschäftigt sei. Doch der Konzessionswerber verfügte nicht über die finanziellen Mittel. Aber er findet im Wiener Bauunternehmer Gotthard Ritter von Ritschel zwar endlich einen Partner, aber nicht den Richtigen, wie sich herausstellen sollte. Als 1897 mit dem Bau einer elektrischen Adhäsionsbahn begonnen wurde, ist Urbanski schon auf der Strecke geblieben. Die Bauverantwortlichen sind die Ingenieure Hermann

Danner und Emil Futter. Urbanski verliert einen Gerichtsprozess über seine Urheberschaft und verlässt bitter enttäuscht Linz. Die Gemeindeverwaltung lässt ihm in Anerkennung seiner vielen Mühen des »Projectes« einhundert Gulden zukommen, ein besseres Almosen.

Mit einem dreifachen Hoch auf den Präsidenten der Tramway und Elektrizitäts-Gesellschaft Linz-Urfahr, den Rechtsanwalt Dr. Carl Beurle, wird die Pöstlingbergbahn am 29. Mai 1898 zu Pfingsten bei wolkenbruchartigen Regenwetter eröffnet. Ein zeitgenössischer Bericht schrieb, dass die Ehrengäste Im offenen Wagen wenige Tage zuvor bei einer Talfahrt noch verängstigt abgesprungen waren, sich blaue Flecken geholt hatten und pitschnass geworden sind. Urbanski bleibt völlig unerwähnt. 1903 stirbt der vergessene Vater der Pöstlingbergbahn verbittert nach Gehirnschlag im Alter von erst 57 Jahren in Wien.

Die steilste Adhäsionsbahn Europas hat sich nach 110 Jahren verabschiedet. In neuer Form wird sie 2009 wieder fahren. Stolze 35 Millionen Euro lässt sich die Linz AG die Modernisierung der Traditionsbahn kosten. Ab 25.3.2008 wurde der Betrieb der alten Garnituren eingestellt und bis zur Wiedereröffnung im März 2009 durch eine neue Buslinie ersetzt. Der Bus fährt, wie künftig auch die Bahn, im Halbstundentakt bis auf den Linzer-Hauptplatz.

Die markantesten Umbauten werden am Linzer-Hauptplatz stattfinden. Dort wird ein dritter Gleisstrang errichtet, auf dem die Bahn in die bestehende Anlage ein- und ausfährt.

Neben der Strecken- und Fahrzeugerneuerung werden auch die Fahrscheinautomaten modernisiert und insgesamt 85 Stück dieser Hightech-Geräte aufgestellt. Die Fahrt mit der weltweit steilsten Adhäsionsbahn wird trotz der Verlängerung in das Herz von Linz auch in Zukunft mit einem normalen Fahrschein der Linzlinien nicht möglich sein. Lediglich die Strecke vom Hauptplatz bis zur jetzigen Talstation ist in der Fahrkarte inkludiert. Wer höher hinaus will muss einen Extra-Fahrschein lösen.

Die alte Pöstlingbergbahn hatte 66 Tage vor dem 110. Geburtstag am 24.3.2008 (Ostermontag) ihre letzte Fahrt vor der am 25.3.2008 begonnenen Sanierung. Diese Abschiedsfahrt beendete auch

Pöstlingbergbahn
Oben: *Tw XV (links) und Tw XVIII am 2.1.2001 in der Talstation in Linz. Foto: Dr. Stefan Lueginger*
Mitte: *Tw XVI am 24.3.2008 in der Bergstation Pöstlingberg.*
Unten: *Tw X 11.8.2006 am Depot. Bedarfsweise wurden auch Fahrräder und Kinderwagen aussen angehängt.*
Fotos (2): Karl Weigl

SKGB-Schafbergbahn: Zahnraddampflok Z4 am 28.4.2006 als Sonderzug 2 mit den Ehrengästen.
Foto: Karl Weigl

ein einzigartiges Zusammentreffen dreier Schienenspurweiten. Bei der Talstation in Urfahr treffen Straßenbahn (900 mm), Pöstlingbergbahn (1007 mm) und die ÖBB-Mühlkreisbahn (1435 mm) zusammen.

Im Zuge der Sanierung wird die Bergbahn der Spurweite der Straßenbahn (900 mm) angepasst, damit sie dann ab Ende März/Anfang April 2009 bis zum Hauptplatz geführt werden kann.

Hunderte Linzer sowie viele Eisenbahnfreunde waren bei der letzten Fahrt der Pöstlingberg-bahn an allen Enden und guten Plätzen zu finden, an denen man die alte Bahn noch einmal gut fotografieren konnte. Für die vielen Besucher wurde sogar im Zehnminutentakt gefahren, damit alle befördert werden konnten. Bei der Abschiedsfahrt der Pöstlingbergbahn ist der letzte Wagen genau um 20.40 Uhr abgefahren. *Karl Weigl*

Die alte Endstation neben dem Bahnhof Linz-Urfahr wurde zum Pöstlingbergbahn-Museum umgestaltet und Ende Mai 2008 eröffnet.
Thomas Haberl

SKGB Salzkammergutbahn GmbH. (Schafbergbahn)

Erstmals unter der Flagge der neuen Eigentümerin Salzburg AG. nahmen Schafbergbahn und Wolfgangsee-Schifffahrt am 29.4.2006 den Betrieb auf. Die Saison 2006 startete mit einem Festakt in der Remise der Schafbergbahn und einer symbolischen Betriebsübergabe.

Die Salzburg AG hatte den Zuschlag für die beiden Fremdenverkehrsunternehmen erhalten, nachdem die ÖBB sich auf ihr Kernge-schäft zurückziehen wollten und daher Schafbergbahn und Wolfgangsee-Schifffahrt zum Kauf angeboten hatten. Die Salzburg AG hat für die Betriebsführung ein hundertprozentiges Tochterunternehmen gegründet, die SKGB Salzkammergutbahn GmbH. Man will einen attraktiven touristischen Leitbetrieb für die Region um den Wolfgangsee und das ganze Salzkammergut schaffen und einen Beitrag zur Saisonverlängerung besonders durch einen Winterbetrieb leisten sowie einen witterungsabhängigen Tarif anbieten, nach dem ab 29.4.2006 es bei der Schafbergbahn bei Regen einen im Vergleich zum Schönwetterbetrieb günstigeren Fahrpreis gibt.

Sowohl Schafbergbahn als auch Wolfgangsee-Schifffahrt haben eine an das Ende des 19. Jahrhunderts zurückreichende Tradition. Die Schifffahrt geht auf das Jahr 1873 zurück, und die »Kaiser Franz-Josef I«, ein historischer Schaufelraddampfer aus dem Gründungsjahr, ist heute noch in Betrieb. Die Wolfgangsee-Flotte besteht aus sechs Motorschiffen, wobei das größte die »WS Österreich« 365 Fahrgästen Platz bietet.

Die Schafbergbahn verfügt über vier nostalgische, kohlegefeuerte Zahnraddampfloks, vier dieselgefeuerte Neubau-Zahnraddampfloks und zwei Zahnrad-Dieseltriebwagen, dazu eine Reihe von Personen- und Güterwagen.

Die SKGB hat die Zahnradbahndampflok Z1 (ex ÖBB-Schneebergbahn 999.101) gekauft und vollständig neu

SKGB-Schafbergbahn
Oben: Die Neubau-Zahnraddampflok Z 14 am 28.4.2006 als Sonderzug 1 am Dittelbach-Viadukt.
Mitte: Die neu lackierten Dieseltriebwagen VTZ 21 + 22 am 28.4.2006 in der Remise St. Wolfgang.
Unten: Neubauzahnraddampfloks Z 13 und Z 14 am 28.4.2008 im Talbahnhof St. Wolfgang.
Fotos (3): Karl Weigl

Zillertalbahn: Neue »Lupo«-Lok D 16 mit zwei neuen Niederflurwagen.   Foto: Dr. Stefan Lueginger

aufarbeiten lassen. Die Z1 war die Zahnradbahnlok, die vor 115 Jahren den ersten Zug auf den Schafberg hinauf zog.

Außerdem wurde der zuletzt in St. Wolfgang als Kiosk benutzte »Kaiserwagen« erworben. Der Wagen mit den schönen Holzintarsien im Inneren wurde vorbildgetreu restauriert und steht nun als »kaiserlicher Salonwagen mit Hofabteil 1. Klasse« wieder für Sondereinsätze zur Verfügung.

Kleine geografische Besonderheit: Der Firmensitz der SKGB ist St. Wolfgang und liegt damit in Oberösterreich. Bereits nach 300 Metern erreicht die Trasse der Schafbergbahn schon Salzburger Gebiet. Beide Bundesländer treffen auch auf dem See an der »Seidenfadengrenze« etwa auf der Linie Leuchtturm-Bürgelstein aneinander.   *Karl Weigl*

STLB-Lokalbahn Weiz-Anger

Dampflok 83-180 vom »Club U44« steht nach Aufarbeitung durch die Werkstätte Weiz seit Juni 2008 für Sonderzüge wieder zur Verfügung.

Zillertaler Verkehrsbetriebe
- Zillertalbahn (ZB) -

ZB-Betriebsnummern von vierachsigen ex ÖBB-Spantenwagen

B4 47 (Kristallwagen) ex ÖBB B4iph/s 3181
B4 48 ex ÖBB B4iph/s 3106
BD4 49 ex ÖBB BD4iph/s 4104
B4 53 ex ÖBB B4iph/s 3107

Diese Wagen sind im Zuge einer Hauptuntersuchung aufgearbeitet worden und werden als Reserve bereit gehalten.

Die Zillertalbahn hatte schon vor längerer Zeit den B4 3181 gekauft, und die Firma Swarowski hat ihn zum »Kristallwagen« umgebaut. 2006 wurde sein Innenraum neu gestaltet. Er läuft schon immer im Dampfzug.

Als Ergänzung zum Dampfzug wurde der Packwagen BD4 4104 erworben und durch Einbau einer Rollstuhlhubbühne für Rollstuhlfahrer adaptiert.

Die Triebwagen/Steuerwagengarnitur VT 4 / VS 4 wurde nach Hauptuntersuchung bzw. Unfallreparatur neu gestaltet. Gegenüber den übrigen Trieb- bzw. Steuerwagen fallen die anderen Scheinwerfer und das Schlusslicht auf, ferner haben beide eine neue Inneneinrichtung erhalten. Beide Fahrzeuge sind im neuen Zillertalbahn-Design lackiert, wobei der Triebwagen am Führerhaus unter »Zillertalbahn« einen dicken Balken hat, der Steuerwagenkopf aber nicht.

Gerald Rumm

Diesellokomotiven »Lupo« D15 und D16 eingetroffen

Die beiden neuen Lokomotiven der Serie »Lupo« mit den Betriebsnummern D15 und D16 wurden termingerecht im Sommer 2007 geliefert. Nach erfolgreicher Erprobung und Abnahme durch die Eisenbahnbehörde wurden beide voll im Personen- und Güterverkehr eingesetzt. Speziell im Güterverkehr leisten die 1000 PS starken Lokomotiven beste Dienste und tragen dazu bei, dass 2007 wieder mehr Güter von der Straße auf die Bahn verlagert werden konnten, was sich in einer markanten Steigerung des Güterverkehrsaufkommens der Zillertalbahn mit etwa 350.000 t niederschlägt.

Neuer Steuerwagen VS 5 in Betrieb!

Nachdem im April 2007 der erste Wagen der neuen Fahrzeugserie   (Prototyp-Steuer-

Zillertalbahn

Oben: *Neuer VS 5 in Jenbach.*
Foto: Dr. Stefan Lueginger
Mitte: *VT 4 am 19.4.2008 im neuen ZB-Anstrich in Jenbach.*
Unten: *VS 4 am 19.4.2008 im dem VT 4 angepassten Neulack in Jenbach.*
Fotos (2): Gerald Rumm

Zillertalbahn
Oben: 2. Klasse-Wagen mit Gepäckabteil BD4 49. Auffällig die grossen Piktogramme für Rollstühle und Fahrräder.
Mitte: BD 4 in etwas anderem Design mit einer grossen Linie unter den Fenstern
Unten: B4 4 47 »Kristallwagen« nach der Renovierung.
Fotos (3) aufgenommen von Gerald Rumm am 19.4.2008 in Jenbach.

wagen VS 5) geliefert wurde, konnten im Spätsommer 2007 alle Mess- und Einstellfahrten zur Zufriedenheit der Zillertalbahn und der Eisenbahnbehörde abgeschlossen werden. Das Raumkonzept der neuen Wagen hat sich den Anforderungen entsprechend als äußerst funktionell und zielführend erwiesen. Das Fahrzeug wurde in der Konzeptphase gemeinsam mit den Vertretern der Behindertenorganisation »Selbstbestimmt Leben Schwaz« und dem »Tiroler Blindenverband« auch an die Bedürfnisse der behinderten Mitmenschen angepasst. Im Zuge einer ersten Erprobung zeigte sich, dass die Umsetzung der Erfordernisse aus dem Behindertengleichstellungsgesetz gelungen ist. Natürlich sind besondere Eigenschaften, wie etwa der Niederflureinstieg, auch für Eltern mit Kinderwagen und für alle anderen Reisenden bei der Benützung der Fahrzeuge von Vorteil. Die Klimatisierung der neuen Fahrzeuge wurde von den Fahrgästen als positive Steigerung der Benutzerqualität wahrgenommen. Nach dem erfolgreichen Abschluss

Zillertalbahn: Der neu Anbau an der Wagenhalle in Jenbach. Foto: ZB/pr.

Zillertalbahn: Eintreffen der von der STLB-Murtalbahn geliehenen Schotterwagen. Foto: ZB/pr.

der Erprobungen beim Prototyp-Steuerwagen konnte die Serienfertigung der restlichen sieben Fahrzeuge anlaufen.

Personenwagen B20

Der aus dem Jahr 1914 stammende Personenwagen B 20 (»Gemeinde Aschau«) wurde generalsaniert und steht wieder im gewohnten Dampfzugeinsatz.

Schotterwagen ex STLB

Für die Schottereinbringung zum Bau der beiden zweigleisigen Streckenabschnitte wurden von den Steiermärkischen Landesbahnen die zweiachsigen, offenen Schüttgutwagen (Trichterwagen mit Seitenentleerung) Tm 524, Tm 521, Tm 522 angemietet und. Tm 574 von der ZB gekauft.

Neues Zugleitsystem und dynamisches Fahrgastinformationssystem

Um allen Reisenden die Benützung der Zil-

lertalbahn und der anderen öffentlichen Verkehrsmittel zu erleichtern, wird im Zuge der Einführung des neuen Zugleitsystems auch ein automatisches, dynamisches Fahrgastinformationssystem in den Bahnhöfen und Haltestellen sowie in den Zügen installiert. In den neuen Steuer- und Personenwagen sind die Installationen und Anlagen bereits montiert. Ein Großteil der Bestandsfahrzeuge der Zillertalbahn wurde bereits entsprechend nachgerüstet, die restlichen folgen demnächst. In den Schienenfahrzeugen wird nach Einführung des Systems die nächste Haltestelle sowohl auf einem Display angezeigt, als auch über Lautsprecher angesagt. Damit soll (auch mit der Angabe über die Seite, auf der das Fahrzeug verlassen werden kann) vor allem ortsunkundigen Fahrgästen und Behinderten die Benutzung der Zillertalbahn erleichtert werden. In

Zillertalbahn: Der generalsanierte B 20 »Gemeinde Aschau«. Foto: ZB/pr.

Zillertalbahn: Neue Halbschrankenanlage in Uderns. Foto: ZB/pr.

Zillertalbahn: Zweigleisiger Streckenausbau zwischen Zell a.Z. und Ramsau. Foto: ZB/pr.

Zillertalbahn: D 16 mit Reisezug an der neuen Unterführung in Ramsau. Foto: ZB/pr.

einem weiteren Schritt werden dann an den Bahnhöfen und an den Haltestellen Anzeigen montiert, die Auskunft über die genauen Abfahrtszeiten sowohl der nächsten Züge als auch der nächsten Linienbusse geben. Für die Integration der verschiedenen Linienbusse und der ÖBB-Züge ist eine enge Zusammenarbeit zwischen dem Verkehrsverbund Tirol (VVT) und der Zillertalbahn notwendig, um die Daten über die Fahrzeugumläufe in Echtzeit anzeigen zu können. Durch diese Zusammenarbeit soll am Ende eine hohe Anschlusssicherheit für die Fahrgäste entstehen und so tunlichst verhindert werden, dass der Anschlussbus oder der Anschlusszug vor Ankunft des anderen Verkehrsmittels abfährt und somit Reisende auf den nächsten planmäßigen Anschluss warten müssen.

Remisenerweiterung im Bahnhof Jenbach

Im Herbst 2007 konnte nach Abschluss der Planungen und Ausschreibungen mit der Remisenerweiterung in Jenbach begonnen werden. Der Anbau überdacht die bereits bisher bestehenden Abstellgleise 6a und 8a und bietet so zusätzliche, geschützte und wintersichere Abstellmöglichkeiten für die neuen Steuer- und Mittelwagen. Die neue Halle ist mit einer stationären Portalwaschanlage ausgestattet.

**Zweigleisiger Ausbau
Zell am Ziller-Ramsau**

Nach Einigung mit fast allen Grundstückseigentümern bis auf einen im Streckenabschnitt Zell am Ziller - Ramsau konnte mit den Bauarbeiten für die Errichtung des für einen Halbstundentakt notwendigen Kreuzungs- und Überholungsgleises begonnen werden. Neben dem Bestandsgleis, das man in seiner Lage geringfügig optimiert, wird im Abstand von 4,2 m das neue Gleis verlegt. Für die Optimierung der neuen Gleisanlagen in Hinblick auf Erschütterung und Lärm wurden mit Unterstützung der Firma FCP aus Wien ein umfangreiches Mess- und Testprogramm durchgeführt. Dieses Messprogramm, welches erstmalig für Schmalspureisenbahnen verwendet wurde, hat vor allem zur Ermittlung des optimalen Materials für die vorgesehenen Unterschottermatten geführt. Das neue Gleis wird vor allem im Bereich von Wohnhäusern nach den ermittelten, technischen Optimierungen ausgeführt und soll zu einer bestmöglichen Reduktion der Immissionen führen. Wichtige Eckpunkte sind dabei folgende Maßnahmen:

- Errichten eines durchgehend geschweißten Gleises, wo dies technisch zulässig ist.
- Schleifen der Schienen, um an der Oberfläche des Schienenkopfes Unebenheiten zu vermeiden, die zu mehr Erschütterung und Lärm führen können.
- Einbau von Schwellen mit einer dämpfenden Zwischenlage, wobei sich bei den Messungen gezeigt hat, dass es für den Lärm nicht relevant ist, ob Beton- oder Holzschwellen verwendet werden.
- Einbau von Gummimatten zwischen Schotter und Dammkörper, um die Erschütterungen zu minimieren.

Im Zuge des Gleisbaues wird auch das Bestandsgleis teilweise erneuert. Dies vor allem dort, wo die Lage des Gleises seit dem Bau der Bahn nicht verbessert werden konnte. Damit können Gleisabschnitte mit Bögen, welche

Zillertalbahn: *D 16 und Dampflok »Gerlos« in der Werkstatt in Jenbach.* Foto: Dr. Stefan Lueginger

vor über hundert Jahren gebaut und bis dato in ihrer Lage nicht verändert wurden, an den jetzt gültigen technischen Standard angepasst werden. Das bedeutet auch weniger Geräuschentwicklung bei den bisher engen Gleisbögen, höheren Reisekomfort für die Bahnbenützer, geringere Folgekosten für die zukünftige Instandhaltung der Gleisanlagen und weniger Brems- und Beschleunigungsvorgänge der Züge, da die Strecke mit einer länger durchgehenden, konstanten Geschwindigkeit befahren werden kann.

Aktuelles vom Baudienst
Um an kritischen und viel begangenen/befahrenen Stellen für die Fußgänger und Radfahrer das Queren der Bahntrasse der Zillertalbahn sicherer zu gestalten, wurden 2007 zwei Unterführungsbauwerke in Ramsau im Z. und in Zell am Ziller errichtet. Zu den eigentlichen Durchgängen führen flache, überdachte Treppen und Rampen, die es vor allem Eltern mit Kinderwagen, Radfahrern und älteren Fußgängern erleichtert, ungefährdet die andere Bahnseite zu erreichen. Für die sichere und leichtere Benützung bei Dämmerung und Dunkelheit sind beide Unterführungen an die örtliche Straßenbeleuchtung angeschlossen und somit gut ausgeleuchtet.

Bei den Arbeiten zur Gleiserneuerung von Ebkm 20,400 bis Ebkm 22,900 im Bereich der Gemeinde Aschau wurde im Bereich des Bahnhofes Unterschottermatten als zusätzliche Dämmmaßnahme gegen Körperschallübertragung eingebaut.

Sicherung von Eisenbahnkreuzungen
Das laufende Ausbauprogramm der Zillertalbahn enthält auch mehrere Positionen für die Erhöhung der Sicherheit bei Eisenbahnkreuzungen mit stark befahrenen Landes- und Gemeindestraßen. Bei diesen Kreuzungen werden mit den Verkehrsfachleuten und Sachverständigen der Eisenbahnbehörde und dem Amt der Tiroler Landesregierung/Abtlg. Verkehrsplanung die Sicherungsmaßnahmen besprochen, zur eisenbahnrechtlichen Bewilligung eingereicht, verhandelt und mittels Bescheid festgelegt. Für 2007 und für 2008 sind insgesamt fünf Anlagen als technischer Kreuzungsschutz mit Lichtzeichen bzw. mit Halbschranken in Schlitters, Aschau und Zell am Ziller vorgesehen. Im Zuge der Errichtung der neuen Sicherungsanlagen werden die Bahnübergänge auch mit modernen Gummiplatten abgedeckt, die hohe Belastungen zulassen und zudem auch noch leise sind. Kosten der Maßnahmen: Eine Million Euro.   *ZB/pr.*

Pinzgauer Lokalbahn
aktuell

ÖBB-Pinzgauer Lokalbahn Zell am See-Mittersill (-Krimml)

Unter ÖBB-Regie bestritten zuletzt die Triebwagen der Reihe 5090 die Hauptlast des Betriebs. Während 5090 002 noch den Originalanstrich trug, waren die übrigen Triebwagen verkehrsrot lackiert. In der Fahrradsaison wurde einigen Triebwagenfahrten ein Fahrradwagen beigestellt. Das erste Zugpaar verkehrte werktags lokbespannt mit der Reihe 2095. Die in ZSB 27 gezeigte Neubaulok 2096 001 wurde nur sporadisch zum Verschub verwendet. Die ältere Verschublok 2092 002 war abgestellt.

Die vor vielen Jahren in Mittersill als Denkmal aufgestellte Dampflok der Reihe 298 wurde 2007 nach Kaprun gebracht und ist ein Ausstellungsstück im dortigen Fahrzeugmuseum.

Christian Völk

SLB-Pinzgauer Lokalbahn

Die ÖBB-Pinzgauer Lokalbahn wurde am 1.7.2008 vom Land Salzburg übernommen und die Betriebsführung an die Salzburger Lokalbahn bzw. Salzburg AG übertragen. Die Bahn firmiert nun als eigenständiger Geschäftsnbereich der SLB. Als Betriebsleiter amtet der SLB-

ÖBB-Pinzgauer Lokalbahn: 2095 004 am 8.2.2008 bei Walchen.   Foto: Christian Völk

ÖBB-Pinzgauer Lokalbahn: *5090 007 am 8.2.2008 bei Jesdorf-Bergfried.*   Foto: Christian Völk

Direktor Gunter Mackinger. Der direkt vor Ort verantwortliche Leiter der Pinzgauer Lokalbahn ist Walter Stramitzer.

Bereits in der Nacht zum 1.7.2008 wurden fast sämtliche Fahrzeuge der Pinzgauer Lokalbahn auf ein neues Nummernschema umgezeichnet. Im Vorfeld kam es nach zähen Verhandlungen zwischen den ÖBB und der SLB zu einigen Fahrzeug-Rochaden, doch nun scheint der Fahrzeugpark der privaten Pinzgauer-Lokalbahn definiert. Dieser setzt sich bei den Lokomotiven und Triebwagen nun laut abgedruckter Fahrzeugliste zusammen.

Auch der Wagenpark wurde in ein neues Nummernschema umgezeichnet, die Daten dafür liegen mir aktuell noch nicht vollständig vor und werden zu einem späteren Zeitpunkt noch nachgereicht.   *Dr. Markus Strässle*

Laut Auskunft des Personals soll die Strecke bis Mittersill zum Fahrplanwechsel im Dezember 2008 soweit hergerichtet sein, dass auch die Neubaulok 2096 001 fahren kann. Neben den beiden von den ÖBB übernommenen 2095ern wäre eine dritte Maschine notwendig, um den verdichteten Fahrplan zu erfüllen. Die bisher in Zell stationierten 5090er dürften komplett an die SLB gehen, ebenso das gesamte Wagenmaterial.

Die parallel mit der Zillertalbahn (ZB) bestellten Wagen haben, wie auch die der ZB, noch Mängel, die derzeit vom Hersteller beseitigt werden. Sie sind allein von der Zahl her für den Betrieb dringend notwendig, da zuwenig Personenwagen vorhanden sind - eine Folge jahrelanger Nichtinstandhaltung und teilweiser Verschrottung durch die Bundesbahnen.

Das Personal hat eine Option, entweder zur Salzburger Lokalbahn zu wechseln oder anderweitig im ÖBB Konzern unterzukommen. Der Großteil der Mitarbeiter geht offenbar zur SLB. Die offenen Stellen sollen demnächst nachbesetzt werden.

Die Strecke bis Krimml sollte bis Sommer 2010, spätestens aber Dezember 2010 wieder auf teilweise neuer Trasse in Betrieb gehen. Ernsthaft besprochen wird auch eine Verlängerung bis in den Ort Krimml hinein, um einen besseren Service zu bieten.   *Dr. Stefan Lueginger*

ÖBB-Pinzgauer: *2092 002 am 9.2.2008 in Tischlerhäusl.*
Foto: Christian Völk

SLB-Pinzgauer: *SLB-Vs 73 + 71 + 2095.01 + 5090 008 am 26.7.2008 in Tischlerhäusl.* *Fotos (2): Dr. Stefan Lueginger*

SLB-Pinzgauer: *Der umnumerierte SLB-De 462.*

Der chronologische Ablauf der Ereignisse im Pinzgau

Am 1.7.2008 ging der Betrieb der Pinzgauer Lokalbahn von der ÖBB in die Hoheit der Salzburger Lokalbahn über, wobei sich die gesamte Infrastruktur der Schmalspurbahn seit diesem Datum in der Verfügung des Landes Salzburg befindet. Fahrzeuge und Personal werden von der Salzburger Lokalbahn bewirtschaftet. Die letzten, hektischen, Tage vor der Übernahme gestalteten sich wie folgt:

26.6.2008: Grundsatzbeschluß der Landesregierung ab 1. Juli 2008 den Betrieb der Schmalspurbahn Zell a. See - Krimml durch die Salzburger Lokalbahn führen zu lassen

27.6.2008: Einstimmiger Beschluss des Aufsichtsrates der Salzburg AG die Fahrzeuge von den ÖBB zu kaufen und den Betrieb im Auftrag des Landes zu führen

30.6.2008: Beschluss der Landesregierung die Infrastruktur der Schmalspurbahn von den ÖBB zu kaufen und der SLB zum Betrieb zu überlassen sowie gemeinsam mit Bund und ÖBB Euro 32 Mio (!) für den Wiederaufbau der Gesamtstrecke und die Modernisierung des Bestandes aufzubringen. Unverzüglich wurden die diesbezüglichen Verträge noch am gleichen Tag abgeschlossen.

1.7.2008: Die Salzburger Lokalbahn übernimmt ab Mitternacht den Betrieb der Pinzgauer Lokalbahn. Alle Züge verkehren pünktlich, mit neuen Beschriftungen und kleinen Überraschungen für die

Vs 81 + VBs 201 + VSs 101 (links) und VTs 14 am 1.7.2008 in Tischlerhäusl. Foto: Walter Stramitzer

Fahrgäste. Darüber hinaus werden alle Züge mit Schaffnern besetzt.
2.7.2008 Der Salzburger Landtag beschließt einstimmig (!) die gewählte Vorgangsweise, auch mit den Stimmen der Opposition.

Im Anschluss daran gab es viel zu tun. »Nebensächlichkeiten« wie Strom, Wasser, Müllentsorgung, Kanalanschlüsse, Postlauf etc. waren neu zu regeln, 87 Fahrzeuge mussten raschest umbeschriftet werden sowie Werbemaßnahmen

SLB - Pinzgauer Lokalbahn
Von Dr. Markus Strässle

SLB-Nummer	ÖBB-Nummer	Typ	Baujahr
Mh.3	399.03	Stütztender-Dampflok	1906
VTs 11	5090.001	Dieseltriebwagen	1986
VTs 12	5090.002	Dieseltriebwagen	1986
VTs 13	5090.003	Dieseltriebwagen	1986
VTs 14	5090.004	Dieseltriebwagen	1986
VTs 15	5090.005	Dieseltriebwagen	1986
VTs 16	5090.006	Dieseltriebwagen	1986
Vs 51	2092.002	Diesellok Gmeinder HF 130-C	1944
Vs 72	2095.004	Diesellok SGP	1961
Vs 73	2095.006	Diesellok SGP	1961
Vs 81	2096.001	Neubau-Diesellok Gmeinder	2007

Seiten- und Stirnansicht vom neuen VSs 101 am 15.8.2008 in Tischlerhäusl.

Foto: Dr. Stefan Lueginger

mit einfachsten Mitteln waren zu organisieren.

Der Start am 1.7.2008 verlief pünktlich und dank der von Anfang an eingesetzten Schaffner für die Fahrgäste spürbar und somit erfolgreich. Ein Großteil der Züge fuhr vorher unter ÖBB-Regie schaffnerlos. In den darauf folgenden Wochen konnten einige Fahrplanverbesserungen umgesetzt werden. Der an Donnerstagen bis 11.September 2008 verkehrenden Dampfzug wurde mit einer ausreichenden Anzahl an Wagen ausgestattet und beworben (mit Oldtimerbusanschluss zu den Krimmler Wasserfällen), und eine Spät-Abend-Verbindung zum Stadtfest in Zell am See (23.7. bis 27.8.2008) ist eingerichtet worden.

Die Zeit um Mitte August 2008 war geprägt von der Umlackierung erster Fahrzeuge (Vs 81 ex ÖBB 2096.001, VTs 14 ex ÖBB 5090.004) und von der Anlieferung der ersten neuen Niederflurfahrzeuge (fast baugleich mit der Zillertalbahn) von ŽZOS Vrútky (VSs 101, VBs 201).

Mittlerweile befindet sich die Lokalbahn in der Situation, dass der vorhandene Fahrzeugpark die Kapazitätsgrenzen aufzeigt - ein Problem, dass sich durch die Inbetriebnahme weiterer Neubaufahrzeuge noch heuer lösen wird. Für Anfang Oktober 2008 ist die Wiederaufnahme des Güterverkehres geplant. Erste Züge im Rollschemelbetrieb werden die Firma Senoplast in Piesendorf bedienen.

Gunter Mackinger
Walter Stramitzer

VTs 13+VTs 12 am 17.8.2008 in Mittersill.   Foto: Philipp Mackinger

VTs 14+VBs 201 (+VSs 101) am 17.8.2008.   Foto: Walter Stramitzer

*ÖBB 2095.01 wird am 15.8.2008 nach St. Pölten abtransportiert.
Foto: Dr. Stefan Lueginger*

Schmalspurbahnen in der Schweiz

Appenzeller Bahnen (AB)

Triebwagen ABDeh 4/4 6 (ex SGA) wurde verschrottet.

Triebwagen ABt 133, der am 18.1.2007 durch einen Windstoss von der Strecke geweht worden war (siehe ZSB 26), wurde in der RhB-Werkstätte Landquart repariert. Er ist anschließend in ABt 143 umnumeriert worden.

Trogenerbahn: Der erste Gelenktriebwagen Be 4/8 von der zweiten Serie ist seit Mai 2008 im Einsatz.

Regionalverkehr Bern-Solothurn (RBS)

Die neue zweigleisige Strecke Worblaufen-Bolligen wurde im September 2007 in Betrieb genommen worden. Hinter Eigen besteht noch ein kurzer eingleisiger Abschnitt.

Berner Oberland-Bahn (BOB)

ABeh 4/4 310 erhielt nach Umbau Namen und Wappen der Gemeinde Matten.
Alle pendelzugtauglichen Wagen (außer B 242) wurden blau-gelb lackiert.
Neu dazugekauft wurden die Wagen B 255 (ex ZB B 208) und B 256 (ex ZB B 509).

Schynige-Platte-Bahn (SPB)

Oldtimerellok He 2/2 13 (Baujahr 1913) und zwei offene Personenwagen wurden rekonstruiert und mit ihrer Originallackierung versehen. Das Personal dieses Zuges tut in historischen Uniformen Dienst.

Societá Subalpina di Imprese Ferroviarie (SSIF)

Diese Gesellschaft betreibt den italienischen

MGB: *MGB-Lok 102 (rechts) und RhB-Ge 4/4 II 622 am 4.8.2006 in Disentis. Foto: Dr. Stefan Lueginger*

MOB: *Die Pendelzuggarnituren Be 4/4 5001-5004 mit den Steuerwagen ABt 5301-5304 werden bzw. wurden bei der MOB zu dreiteiligen Einheiten umgebaut, wobei der Triebwagen ohne Führerstände in der Mitte eingereiht ist. Am 9.5.2008 trafen sich in Zweisimmen die Ursprungsgarnitur ABt 5301- Be 4/4 5001 und die bereits umgebaute Einheit bestehend aus den beiden Steuerwagen ABt 343 und Bt 243 sowie dem Mitteltriebwagen Be 4/4 5003.* Foto: Bernd Backhaus

Teil der Centovallibahn. Sie beschaffte bei der italienischen Firma Officine Ferroviarie Veronesi drei Panorama-Triebwagenzüge, deren Drehgestelle und Traktionsausrüstung Skoda lieferte. Sie bestehen aus zwei Endtriebwagen und einem Mitteltriebwagen sowie einem antriebslosen Mittelwagen. Zwei vorerst dreiteilige Züge werden seit dem 10.6.2007 zwischen Domodossola und Locarno eingesetzt.

Chemin de fer du Jura -Schmalspur- (CJ)

ABef 4/4 642 (ex RhB-ChA) wird nur im Güterverkehr eingesetzt. Weil er jetzt eine über die Fenster gehende Werbung erhielt, ist er auf Bef 4/4 642 umbezeichnet worden.

Matterhorn-Gotthardbahn (MGB)

Triebfahrzeuge
Der erste von fünf neuen KOMET-Gelenktrieb-

zügen (Komfortabler Meterspur-Triebzug) wurde im Oktober 2007 von Stadler an die MGB geliefert. Inzwischen sind zwei weitere KOMET bei der MGB im Einsatz
Bestellt wurden drei vierteilige und zwei dreiteilige Triebzüge. Sie kommen zwischen Brig und Zermatt zum Einsatz.
Reisezugwagen
Die ex BVZ Mitteleinstiegwagen AB 2164 und B 2276-2279 (ex SBB Brünig) wurden 2007 verschrottet.
Die ex FO B 4241-4243 wurden verschrottet.
Die zu so genannten Sportwagen umgebauten B 4244 und 4245 (ex FO) sind an die FGC (Ferrocarrils de la Generalitat de la Catalunya) für deren Zahnradbahn Ribes-Nuria verkauft worden. Stadler passt sie für den Einsatz bei der RN an.
Bei den Breda-Panoramawagen kam es zu folgenden Umzeichnungen:
Api 4031-4034 (ex AS 2011-2014)

MOB: *Ge 4/4 8001 mit dem Kupplungsadapterwagen X 50 vor einem RhB-Schotterzug am 14.5.2008 in der MOB-Station Flendruz.* *Foto: Bernd Backhaus*

Ap 4021-4022 (ex AS 4021-4022)
Bp 4023-4030 (ex AS 4023-4030)

Strecke

Das Matterhorn Terminal in Täsch wurde am 15.9.2007 offiziell in Betrieb genommen. Die Anlage besteht aus Parkhaus und Bahnhof für Autofahrer, die ohne Wagen nach Zermatt reisen müssen.

Am 21.5.2008 war nahe des Bahnhofs Brig Baubeginn für einen aus MGB-Verwaltung und Parkhaus bestehenden Gebäudes.

Die neue Ostausfahrt in Brig vorbei am Güterbahnhofes und Unterfahrung der SBB-Gleise vor dem Simplontunnel wurde am 4.12.2007 in Betrieb genommen. Die bisherige Strecke über Naters wird abgebaut.

Die provisorische Chipferbrücke zwischen Kalpetran und St. Niklaus, die nach einem Lawinenabgang errichtet worden ist, wurde durch eine neue, 150 Meter lange Brücke ersetzt. Außerdem gibt es eine 1,2 km lange Neubautrasse, die besser gegen Lawinen geschützt ist.

Im Streckenabschnitt Täsch-Kalter Boden (-Zermatt) wurde 2007 wurde in km 40 die 500 m lange Kreuzungsstelle Täschsand gebaut.

Verkehr

Auf dem Streckenabschnitt Täsch–Zermatt fahren täglich 169 Züge, davon 110 Shuttle-Züge Täsch–Zermatt, 8 »Glacier-Express«-Züge, 44 Regionalzüge und 7 Güterzüge).

Montreux-Berner Oberland-Bahn (MOB)

Fahrzeuge

Dze 6/6 2001 wurde verschrottet.

Die ex TPF-GDe 4/4 101 und 102 wurden als 6005 und 6006 eingereiht.

Neu bei der Bahn ist der Fahrleitungsturmwagen Tm 7 (ex RhB-Xm 2/2 9914).

Im Dezember 2007 trafen zwei Traktoren (Tm 25 + 26; Gmeinder Bj. 1977 und 1980) der Firma Benkler bei der MOB ein. Sie werden als Tm 25 + 26 für Baudienstzwecke eingesetzt.

Die Schienentransportwagen X 61-63 entstanden aus den Zementkesselwagen Uce 883, 884 und 886.

Strecke

Das Bahnhofsgebäude Zweisimmen wurde zum 1.7.2006 von der Bern-Lötschberg-Simplon Bahn (BLS) übernommen, jedoch nutzt die

MOB das Gebäude weiterhin. Im Bahnhof Château d´Oex wurden Gebäude und Anlagen erneuert. Der Bahnhof Gstaad wurde umgebaut, ebenso der Bahnhof Saanemöser (neuer Mittelbahnsteig, Verlängerung der Kreuzungsgleise). Die Betriebsleitstelle in Gstaad wurde nach Zweisimmen verlegt. Von dort aus wird seit 1.7.2008 die Strecke Montbovon-Zweisimmen ferngesteuert.

Das aus dem MOB-Eröffnungsjahr stammende Umformergebäude in Gruben wurde an einen Privatmann verkauft.

Chemin de fer Nyon-St. Cergue (NStCM)

Von der Chemin der fer du Jura (CJ) kam auf der Strasse der Triebwagen BDe 4/4. Mit den BDe 4/4 231 und Bt 331 wird er als dreiteiliger Schülerzug eingesetzt.

Internationale Rheinregulierungsbahn -(RR)

Ein Teil der Int. Rheinregulierungsbahn wird als Museumsbahn erhalten bleiben.

Museumsbahn
Blonay-Chamby
Oben: *Dampflok Nr. 6 der BC am 12.5.2008 mit Zug 57 kurz hinter der Station Chamby.*
MOB
Mitte: *BDe 4/4 3004 am 14.5.2008 im Einsatz vor einem Arbeitszug.*
Unten: *Kranwagen X 23 am 14.5.2008 im Arbeitseinsatz bei der Streckenerneuerung.*
Fotos (3): Bernd Backhaus

TPC: Der neugebaute Schmalspur-Bahnhof Aigle am 6.6.2007 mit AOMC 532, ASD 2 und 404 sowie AL 362. Foto: Bernd Backhaus

Transport Public du Chablais (TPC)

Der völlig umgebaute Bahnhofsplatz in Aigle (Betriebsmittelpunkt der TPC-Bahnen) wurde am 6.10.2007 für den Bahnbetrieb in Betrieb genommen. Eröffnungszug war der Aigle-Leysin (AL)-Salontriebwagen Arseh 2/4 201 mit dem AL-Vorstellwagen CF 21.
Alle TPCFahrzeuge werden seit Jahresbeginn 2008 im neuen Depot in Chalex untersucht.
Im Bahnhof Aigle ging im Januar 2008 eine neue Stellwerkanlage in Betrieb. Jetzt sind durchgehende Fahrten von AOMC hin zur ASD möglich. Das Gleis 13 kann man von 1,5 kV auf 900 V umschalten.

Chemin de fer Aigle -Sépey-Diablerets (ASD)

Die ASD-Werkstatt wurde geschlossen, nachdem die neuer TPC-Werkstätte eingerichtet wurde. Im ASD-Depot wurden zahlreiche Gleise entfernt.

Chemin de fer Bex-Villars-Bretaye (BVB)

Im Sommer wird ein vierachsiger, offener Aussichtswagen By als Mittelwagen eines Pendelzuges eingesetzt.

Chemin de fer Aigle-Ollon-Monthey-Champéry (AOMC)

Be 4/4 104 und Bt 133 (ex BLT 16 und 23) sind verschrottet worden.

Wengernalpbahn (WAB)

Neu bei der Zahnradbahn ist Die selbstfahrende elektrische Schneefräse Xrote 21. Von ihrem hohen Führerstand aus können He 2/2 31 oder 32 ferngesteuert werden.
Bt 231 wurde verschrottet.
BD 34, B 36 und B 38 wurden an die Waldbahn Viseu des Sus in Rumänien verkauft, wo sie nach Umspurung von 800 auf 760 mm Spurweite in Touristenzügen Verwendung finden sollen.

Wynental und Suhrental-Bahn (WSB)

Von den Triebwagen Be 4/4 9-14 ist nur noch Be 4/4 10 im Einsatz. Be 4/4 12 und 14 wurden verschrottet. Be 4/4 9, 11 und 13 wurden in der Werkstätte Schöftland abgestellt.
Be 4/8 28-34 wurden mit einem 1. Klasse-Abteil

TPC: AL-BDeh 4/4 311 am 7.5.2008 vor einem Arbeitszug im ehemaligen Depot der ASD in Aigle.
Foto: Bernd Backhaus

und einer Klimaanlage ausgerüstet.
Die WSB-Werkstätte Schöftland modernisierte den Be 4/4 17 einschließlich neuer Inneneinrichtung.
In Gränichen entsteht ein neues Bahndienstzentrum zur Unterhaltung der Infrastruktur. Es soll das bisherigen Zentrum in Suhr ersetzen, das 2009 der Eigentrassierung Aarau-Suhr weichen muss.

Zentralbahn (ZB)

Fahrzeuge
Stationierungen der
noch in Betrieb befindlichen De 110:
De 110 001-003 + 005 in Meiringen
Deh 120 005, 006 und 008 sind im Depot Meiringen abgestellt
De 4/4 121 (ex LSE, ex Brünig 905) in Luzern als Dispopendelzug
De 4/4 122 (ex LSE, ex Brünig 907) in Stansstad als Dienst-, Rangier- und Vorheizwagen
Umbenennungen:
Tm II 598 neu Tm 172 598.
Tm II 981 neu Tm 172 981

Tm II 982 neu Tm 172 982
Tm II 983 neu Tm 172 983
Tem 201 neu 171 201
Tem 202 neu 171 202
Tem 203 neu 172 203
Te 171 202 wurde in Meiringen hauptuntersucht und rot lackiert. Außer Betrieb in Meiringen ist Tm II 984. Abgestellt in Luzern sind die AB 71, B 65 und B 66 (ex Brünig).
Strecke
Die Bauarbeiten beim Engelbergtunnel sind im November 2007 wieder aufgenommen worden. Die Sanierungsarbeiten zur Ablenkung des Bergwasser waren erfolgreich, so dass die Tunneleröffnung trotz der langen Bauunterbrechung 2010 sein soll.
Der Umbau des Bahnhofs Hergiswil ist beendet. In Stansstad wurde der Mittelbahnsteig erhöht. In Lungern und Brünig wurden die Weichen entfernt.
Auf der Brünig-Bergstrecke stehen die Kreuzungsstellen Käppeli und Brunnenfluh nicht mehr in Betrieb.
Über den Fluss Melchaa wurde zwischen Sarnen und Sachseln eine neue Brücke errichtet.

RhB

Rhätische Bahn aktuell

RhB-Albula- und Berninabahn sind Weltkulturerbe

Das Welterbekomitee der UNESCO hat auf seiner 32. Tagung vom 2.-10.7.2008 in Québec, Kanada, weitere 27 Kultur- und Naturstätten in die Liste des Welterbes aufgenommen. Auf der Liste des Welterbes stehen damit jetzt insgesamt 878 Stätten. Davon zählen 679 zum Kulturerbe und 174 zum Naturerbe, 25 Stätten gehören beiden Kategorien an. Von den 185 Vertragsstaaten des UNESCO-Übereinkommens zum Schutz des Kultur- und Naturerbes der Welt sind jetzt 145 Staaten in der Welterbeliste vertreten. Neu ernannt gehört jetzt »die grenzüberschreitende Welterbestätte Rhätische Bahn in der Kulturlandschaft Albula/Bernina. Sie umfasst die 67 Kilometer lange Bahnstrecke zwischen Thusis und St. Moritz (Albula), die 1904 eröffnet wurde, und die 61 Kilometer lange Anschlussstrecke nach Tirano (Bernina). Sie ist ein technisches Denkmal für die Erschließung der hochalpinen Landschaft und gehört mit ihrer einzigartigen Streckenführung, über 50 Tunneln und fast 200 Viadukten und Brücken zu den spektakulärsten Schmalspurbahnen der Welt«.

Dr. Stefan Lueginger/Quelle: unesco aktuell

RhB-Triebfahrzeuge

Wie in ZSB 26 (S. 25 ff.) berichtet wurde, ist Ellok Ge 4/4 II 632 bei Valendas 2007 in einen Bergsturz gefahren und wurde dabei schwer beschädigt. Anfang 2008 erhielt sie in der Hauptwerkstätte Landquart einen neuen Lokaufbau und ist nach Probefahrten wieder im Einsatz.

Seit 1974 stand die Ellok Ge 2/4 205 im Freien als technisches Denkmal vor dem Technikum Winterthur. Im Herbst 2007 wurde sie nach Art-Goldau transportiert. Der »Club 1889« will sie in mehrjähriger Arbeit überholen und anschliessend an einem noch nicht feststehenden Ort geschützt unterbringen.

RhB-Reisezugwagen

Die »Glacier Express«-Züge 906/909 nach Davos verkehren mit rekonstruierten Panoramawagen, die weitgehend den Neubauwagen von 2006 entsprechen. Im Gegensatz zu den aus Neubauwagen gebildeten Zügen läuft in diesem Zugpaar von Brig bis Chur ein Speisewagen mit.

Die Designeridee, den gelben 1. Klasse-Streifen nur über den Wagentüren anzubringen, ist bei den Reisenden offensichtlich nicht nicht angekommen, so dass die Wagen im Bereich der 1. Klasse wieder einen durchgehenden Sreifen haben.

Der B-Leichtstahl 2337 wird in einen Velo-/Schlittelwagen WS 3914 umgebaut.

An den EW II A1261 und A1262 wurde zum Einbau einer Gepäckablage je ein Einstieg verschlossen.

RhB-Güterwagen

Die Güterwagen mit Drehgestellen Gak-v 5413-5420 wurden bis auf die Drehgestelle verschrottet. Letztere wurden zur Wiederinbetriebsetzung der abgestellten Kesselwagen Za 8101-8108 verwendet.

Neu sind der Abzugswagen Xa 93501 und vier Schienentransportwagen Xa 92101 bis 104, die in der Werkstätte Landquart gebaut wurden.

RhB-Strecken

Chur-Arosa: Die über die Kantonsstrasse 4 führende Mauergewölbebrücke Baujahr 1914 bei Litzirüti wurde durch eine Betonbrücke ersetzt.

Chur-Landquart: Zwischen Chur und Halden-

Ge 4/4 II 633 am 14.8.2003 mit Güterzug aus Davos in Landquart.   Foto: Dr. Stefan Lueginger

stein wurde die neue Haltestelle Chur-Wiesental eingerichtet.

Chur-Thusis (-St. Moritz): Der Bahnhof Cazis wurde zu einer Kreuzungsstation ohne Nebengleise zurückgeb aut.

(St Moritz-Samedan-) Zernez – Scuol-Tarasp /Engadinstrecke): Der Val Ota-Tunnel bei Susch wurde saniert.

Sich verschiebendes Gelände hat am Tasnatunnel (2351 m) zwischen Scuol und Ardez grosse Schäden verursacht, was seine Sanierung erforderlich macht, was etwa drei Jahe dauern wird. Vom Tunnelportal Ardez ab wird es zwangsläufig auf etwa 200 Meter Länge faktisch zu einem Neubau kommen.

St. Moritz-Pontresina-Tirano (Berninabahn): Der Bahnhof Tirano wurde nach völligem Umbau am 5.5.2007 neu eröffnet.

Kurz vor Tirano wurde über den Fluss Poschiavina eine neue Stahlbrücke gebaut.

In Zukunft wir die Berninastrecke von Samedan aus ferngesteuert.

Neues Fahrzeugnumerierungssystem der RhB

Das bisherige Fahrzeugnummerierungssystem hat der RhB für rund ein Jahrhundert gereicht, um die Fahrzeuge eindeutig zu kennzeichnen. Das bisherige System hat die Fahrzeugnummern von 1 bis 9999 vergeben. Mit der Beschaffung von einer größeren Serie von Fahrzeugen, drängt sich eine Erweiterung des Fahrzeugnummerierungssystems auf. Die Ziele des neuen Systems sind: 1) Nummerierungssystem für die nächsten 100 Jahre und länger, 2) eindeutige, systematische Nummerierung der Fahrzeuge, 3) einfache Bezeichnung von Triebzügen und festen Wagenkompositionen, 4) Nutzung der bestehenden Informatikmittel. Mit der Einführung des neuen fünfstelligen Nummerierungssystems per 1.11.2007 hat die RhB die Möglichkeit, etwa 90.000 zusätzliche Fahrzeuge zu bezeichnen.

Für die Anwendung des neuen Nummerierungssystems gilt, dass nur neue Fahrzeuge nach dem neuen System gekennzeichnet werden. Eine Umzeichnung von bestehenden Fahrzeugen findet grundsätzlich nicht statt. Die Ausnahme ist, wenn eine ganze Fahrzeugserie im Rahmen eines Refitprogramms sowieso einen neuen Anstrich erhält. Die nächste Fahrzeugserie, welche darum umgezeichnet wird, werden die EW III-Personenwagen sein.

Die neuen Wagennummern bestehen aus fünf Ziffern. Die Anzahl Ziffern wird durch die eingesetzte Instandhaltungssoftware vorgegeben. Sie haben folgende Bedeutung:

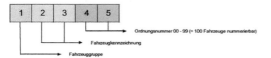

Mit den ersten drei Ziffern kann damit der Fahrzeugtyp bestimmt werden. Um diese hervorzuheben werden in Anlehnung an andere Bahnen die ersten drei Ziffern unterstrichen. Die Anschrift auf dem Fahrzeug wird wie folgt aussehen:

Bp 52524

Mit dieser Systematik können die bestehenden Fahrzeugnummern beibehalten werden. Es wurden folgende Fahrzeuggruppen festgelegt:
00000 bis 09999 bestehende Fahrzeuge und Fahrzeugserien bis 31. Oktober 2007
10000 bis 19999 Streckentriebfahrzeuge
20000 bis 29999 Rangier- und Diensttriebfahrzeuge
30000 bis 39999 Triebzüge
40000 bis 49999 Reserve
50000 bis 59999 Reisezugwagen
60000 bis 69999 Güterwagen
70000 bis 79999 Reserve
80000 bis 89999 Historische Fahrzeuge
90000 bis 99999 Dienstfahrzeuge
Für die Triebzüge ergibt sich mit diesem Nummerierungssystem die interessante Möglichkeit, mit einer Nummer

den ganzen Triebzug zu kennzeichnen und gleichzeitig jeden Gliedwagen einzeln zu bezeichnen. Die Tabelle zeigt die neuen Triebzüge, wie sie mit dem alten System nummeriert waren und wie es jetzt mit dem neuen Nummerierungssystem erfolgt.

Daniel Ritter/RhB pr.

»Glacier Express« wird noch attraktiver

Der weltbekannte Paradezug »Glacier Express« der Partnerbahnen Rhätische Bahn (RhB) und Matterhorn Gotthard Bahn (MGB) erhält nochmals einen entscheidenden Attraktivitätsschub. Um die Positionierung des »Glacier Express« als Premiumprodukt weiter zu entwickeln, haben beide Partner beschlossen, gemeinsam zusätzliche Panoramawagen zu bestellen. Damit werden ab Sommer 2009 vier gleichwertige Züge täglich zwischen St. Moritz, Davos und Zermatt und umgekehrt im Einsatz stehen. RhB und MGB investieren dazu insgesamt ca. 20 Millionen Franken in neues

			bisherige Fahrzeugnummerierung
811	2811	861	
812	2812	862	
↓	↓	↓	
825	2825	875	
35001	35601	35101	neue Fahrzeugnummerierung
35002	35602	35102	
↓	↓	↓	
35015	35615	35115	
3501-3515			Komp.Nr. (neu)

Dreiteiliger Zweispannungstriebzug.

				bisherige Fahrzeugnummerierung
911	2911	2921	1911	
912	2912	2922	1912	
913	2913	2923	1913	
914	2914	2924	1914	
915	2915	2925	1915	
31001	31601	31201	31801	neue Fahrzeugnummerierung
31002	31602	31202	31802	
31003	31603	31203	31803	
31004	31604	31204	31804	
31005	31605	31205	31805	
3101-3105				Komp.Nr. (neu)

Vierteiliger Stammnetztriebzug.   *Grafiken (2): RhB/pr.*

Api 1311 der RhB noch ohne Beschriftung bei einer Vorstellung in Andermatt.   *Foto RhB/pr.*

Rollmaterial. Die Beschaffung der neuen Panorama- und Servicewagen erfolgt bei Stadler Rail AG in Altenrhein.

Mit der neuen Panorama-Flotte deckt der »Glacier Express« heute die hohen Bedürfnisse der Fahrgäste auf der Strecke St. Moritz-Zermatt vollumfänglich ab. Auf der Strecke Davos-Zermatt verkehrt bislang jedoch noch nicht durchgehend neues Rollmaterial, und auch das Verpflegungskonzept ohne Verpflegung am Sitzplatz erreicht nicht dasselbe hohe Niveau wie auf der Strecke Zermatt-St. Moritz. In Zukunft soll die Gesamtpositionierung des »Glacier Express« als Premiumprodukt und Aushängeschild des Schweizer Tourismus jedoch weiter gestärkt werden.

Genau hier setzen die Partner RhB und MGB an. Gemeinsam beschlossen deren Verwaltungsräte in zusätzliches, neues und modernes Rollmaterial zu investieren und somit die Qualität des »Glacier Express« auf allen eingesetzten Zügen gleichwertig zu etablieren.

Erwin Rutishauser, Vorsitzender der Geschäfts-leitung der RhB: »Durch die Beschaffung der neuen Panoramawagen sichern wir das hohe Image und die Positionierung des »Glacier Express« als Premiumzug im Sinne der Produktestrategie und auch des Schweizer Tourismus«.

Hans-Rudolf Mooser, Vorsitzender der Geschäftsleitung der MGB ergänzt: »Ein wichtiger Schritt in der Weiterentwicklung des »Glacier Express« nach dem umfassenden Relaunch des Erfolgsprodukts im Jahr 2006«.

Mit sechs zusätzlichen Panoramawagen, davon zwei der 1. Klasse und vier der 2. Klasse, sowie zwei Servicewagen mit Barbereich im Wert von insgesamt 20 Millionen Franken sollen diese Ziele erreicht werden.

Das neue Rollmaterial wird erneut bei Stadler Rail bestellt, wobei die RhB vier Panoramawagen und einen Servicewagen im Betrag von ca. 12 Millionen Franken und die MGB zwei Panoramawagen und ebenfalls einen Servicewagen zu insgesamt 8 Millionen Franken beschaffen.

Peider Härtli/RhB pr.

AS 4026, der 1993 von Breda für die Furka-Oberalp-Bahn gebaut und nach der Fusion mit der BVZ in den Bestand der MGB übernommen wurde. 2007 hat man den Wagen umgebaut und als Bp 4026 in Betrieb genommen Im Mai 2007 wurde er an die RhB verkauft und im neuen RhB-Nummernsystem als Bp 52524 eingereiht worden. Foto: Bernd Backhaus

Vier Panoramawagen Typ Breda für die RhB

Allgemeines

Gemäß den vertraglichen Vereinbarungen vom 31.1.2008 zwischen der Rhätischen Bahn (RhB) und der Matterhorn Gotthard Bahn (MGB) verkauft die MGB vier ihrer 14 Panoramawagen vom Typ Breda an die RhB. Mit der Übernahme der vier Breda-Wagen durch die RhB und der Neubeschaffung seitens RhB und MGB von zusätzlichen Panoramawagen Typ Stadler (Auslieferung 2009) sowie unter Berücksichtigung des Einsatzes der RhB-Speisewagen wird beim »Glacier Express« auch im Bereich Rollmaterial ein »ausgeglichenes Kräfteverhältnis« zwischen MGB und RhB realisiert.

Die Übernahme der vier Panoramawagen Breda erfolgte auf den Fahrplanwechsel vom 10. Mai 2008. Gekauft wurden die Panoramawagen Bp 4023-4026. Die Erstinverkehrssetzung der Wagen erfolgte 1993. An allen Wagen die-

ser Serie wurde respektive wird zwischen 2007 und 2008 ein umfangreiches Refitprogramm durchgeführt. Die Wagen entsprechen somit in Bezug auf Inneneinrichtung, Design, Kundenkomfort und Kundeninformationssystem den 2006 in Betrieb genommenen GEX-Panoramawagen Typ Stadler.

Einsatz

Die Panoramawagen Typ Breda werden seit Beginn Sommerfahrplan (10.5.2008 in den »Glacier Express«-Zügen eingesetzt. Sie sind für das gesamte Netz der MGB und für das Stammnetz der RhB zugelassen.

Die Lauffähigkeit der Wagen für die Strecke Chur-Arosa mit ihren engen Kurvenradien (teilweise weniger als 60 m) muss noch durch Testfahrten verifiziert werden. Diese Fahrten sind für die Zwischensaison im Herbst 2008 geplant.

Technische Daten
Länge über Puffer: 18500 mm
Drehzapfenabstand:
12830 mm
Wagenbreite: 2680 mm
Taragewicht: 19.3 t
Sitzplätze: 48 2. Klasse
Höchstgeschwindigkeit:
90 km/h
Bremse: Handbremse,
Vakuum, Zahnrad
Ausrüstung: ABB-Klimaanlage
kombiniert mit Konvektions-
heizung
Lauffähigkeit: MGB und
RhB-Stammnetz
Inbetriebsetzung:
2. Quartal 1993
Hersteller Wagenkasten: BREDA, Pistoia, Italien
Hersteller Drehgestelle: SIG Neuhausen
David Wiegratz/RhB pr.

Der im Werk Linz fertiggestellte Turmtriebwagen.   Foto: RhB/pr.

RhB-Fahrleitungsturmwagen

Die Firma Plasser & Theurer begann 1953 in Linz mit neun Mitarbeitern mit der Herstellung von Gleisstopfmaschinen. Heute zählt die Firma etwa 3000 Mitarbeiter.

Das österreichische Unternehmen hat seinen Hauptsitz in Wien. Niederlassungen befinden sich in Wien und Linz sowie an weiteren Standorten in verschiedenen Ländern.

Bis jetzt wurden ca. 13500 Großmaschinen (Fahrzeuge für den Fahrbahn- und Fahrleitungsunterhalt) hergestellt, darunter mehrere hundert Turmwagen in verschiedenen Spurweiten für den Fahrleitungsunterhalt.

Im Februar 2006 wurde von der RhB bei der Firma Plasser & Theurer ein Turmwagen für den Fahrleitungsunterhalt bestellt. Zurzeit ist er im Werk Linz in der Endmontage. Anschließend erfolgt die werkseitige Prüfung und Inbetriebsetzung.

Auf dem Netz der RhB werden dann die Lastfahrten, Betriebstests und BAV-Sicherheitsprüfungen durchgeführt, so dass der Turmwagen 2007 den Betreibern übergeben werden konnte.

Der moderne Fahrleitungsbau und ein wirtschaftlicher Fahrleitungsunterhaltung stellen eine Grundvoraussetzung für ein reibungsloses Funktionieren des elektrischen Bahnbetriebes dar. Um den verschiedenen Anforderungen und Bedingungen Rechnung zu tragen, werden von Plasser & Theurer individuell gestaltete Fahrzeuge entwickelt. Angepasst an die speziellen Verhältnisse der RhB musste schlussendlich eine sechsachsige Konstruktion gewählt werden. Diese ermöglicht alle bei normalspurigen Turmwagen üblichen Einrichtungen, auch auf unserem Fahrzeug mit den knappen Platzverhältnissen, unterzubringen.

Technische Daten
Antrieb: 2x 365 W Dieselmotoren
Vmax: 90 km/h
Gewicht: 69 t
LüP: 19,26 m
Achsstand Drehgestell: 1,80 m
Hans Furgler/RhB/pr.

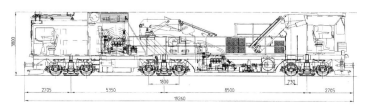

*Typenskizze vom Fahrleitungs-
turmwagen.
Zeichnung: RhB/pr.*

Schmalspurbahn - Erinnerungen©

Heinz-Dietmar Ebert

Die Schmalspurbahn auf Rügen nach der Wende

Wir schreiben das Jahr 1991. Unser Ziel war ein Urlaub mit der Familie auf der Insel Rügen mit ihrer Schmalspurbahn. Hatte ich zur Zeit der DDR die Schmalspurbahnen vom Harz bis in das Erzgebirge bereits mehrmals bereist, so fehlte mir noch der Besuch bei der »Molli« und beim »Rasenden Roland« auf Rügen. Diese beiden Bahnen wollte ich im weitgehend erhaltenen Reichsbahnzustand erleben und fotografieren. Zuvor waren wir noch ein paar Tage bei meinem Schmalspurfotofreund und Rügenspezialist Klaus Kieper in Berlin zu Be-

such. Hier hatte ich mich noch mit umfassenden Informationen über die Kleinbahn auf Rügen eingedeckt.

Es war die Zeit kurz nach der Wende. Bei einer Fischerfamilie hatten wir das Quartier gut getroffen. So manche wichtige Information echter Rüganer war ebenfalls hilfreich bei meinem Vorhaben, die Kleinbahn auf Rügen zwei Wochen zu beobachten, ohne die Familie, die Natur der Insel und das Sehenswerte zu vernachlässigen.

Gleich am zweiten Tage fuhr ich zum Bahnbe-

991791 8nd 99 1784 am 25.8.1991 in Putbus.   *Alle Rügenfotos von Heinz-Dietmar Ebert*

Von links 99 4801 + 99 1784 + 199 001 + 99 4802 am 29.8.1991 in Putbus.

triebswerk der Rügenschen Kleinbahn nach Putbus und stellte mich beim Betriebsleiter vor. Hier wurde ich freundlich aufgenommen und der Unterstützung für mein Vorhaben, die Schmalspurbahn im Urlaub zu filmen und zu fotografieren, versichert. Zunächst wurde mir das Betriebswerk mit allen seinen Einzelheiten gezeigt, und ich wurde dem anwesenden Personal vorgestellt. Die übrigen Beschäftigten erhielten im Laufe der nächsten Tage von meiner Anwesenheit Kenntnis. Es sei vorweggenommen, ich wurde sofort als Kleinbahnfreund, also als einer von ihnen aufgenommen, was mir viele Türen öffnete.

1991 war noch regulärer DR-Verkehr auf der Schmalspurbahn. Erst 1994 kam ja der Zusammenschluss der Deutschen Bundesbahn und der Deutschen Reichsbahn zur Deutschen Bahn AG. Unsicherheit beim Personal und Angst um den geliebten Arbeitsplatz bei der Kleinbahn war jedoch immer wieder heraus zu hören.

Noch hatten die Lokomotiven ihre alten Nummerbezeichnungen. Diese wurden dann erst zum 1. Januar 1992 nach dem Nummernschema der DB AG umgezeichnet, zumindest für einige Zeit, denn ein Teil der Loks erhielt später ihre alten Lokschilder zurück.

1991 traf ich folgende Lokomotiven an:
 99 4632-8 (Dn2t; Vulcan; Bj. 1914; ex 52Mh)
99 4633-6 (Dn2t; Vulcan Bj. 1925; ex 53Mh)
99 4801-9 (1Dh2t; Henschel Bj. 1938)
99 4802-7 (1Dh2t; Henschel Bj. 1938)
99 1782-4 (1E1h2t; LKM 1953/32023)
99 1784-0 (1E1h2t LKM 1953/32025)
99 1791-5 (1E1h2t; LKM 1956/132032)
199 001-9 (Deutz 1942/36101; ex Köf 6003))
Ich fand die 199 001 am 30.8.1991 unter dieser Betriebsnummer vor. Sie wurde mit Teilen der Köf Köf 6001 (Gmeinder 1944/4205) instand gesetzt. Die Reste der Köf 6001 wurden 1987 verschrottet. Am 1.1.1992 wurde sie zunächst in 310 901-4 und im November 1992 schliesslich in 399 703-8 umgezeichnet. Am 1.1.1996 wurde sie wieder zur Köf 6003. Ich wünsche späteren Schmalspurhistorikern schon heute viel Spaß mit diesen diversen Loknummern.

Die DB AG hatte bekanntermaßen kein Interesse an der Kleinbahn auf der Insel Rügen, wie auch überhaupt an den Schmalspurbahnen, hatte man hier doch etwas geerbt, was so gar nicht in das Konzept der DB AG hineinpasste,

99 4801 und 99 4802 am 20.8.1991 in Putbus.

bei der nur noch IC und ICE angesagt waren. Zurück zu meinem Besuch. Ich habe mehrmals die Strecke Putbus-Göhren im Zug und auf verschiedenen Dampfloks befahren. Allerdings nutzte ich auch den Pkw um Außenaufnahmen zu machen. Hierzu waren vom Personal zuvor genannte Fotostandpunkte wichtige Hilfen. Die Haltepunkte und Bahnhöfe waren noch nicht restauriert und drohten zu verfallen. Die Bahnkörper warteten ebenfalls auf Instandsetzung. Teilweise waren Bahnmitarbeiter damit beschäftigt, Schwellen zu ersetzen. Der Umbruch war auch hier deutlich zu spüren. Man wollte, durfte jedoch nicht.

Landschaftlich ist die 750 mm Schmalspurbahn auf der Insel Rügen herrlich in die einmalige Natur eingebettet. Ursprünglich wurde überlegt, die Bahn in 600 mm Spurweite zu bauen. Der Grund lag darin, dass die Gutshöfe auf der Insel Rügen Feldbahnen in Spurweite 600 mm besaßen. Dem Komfort zuliebe entschied man sich für die 750 mm breite Spurweite. Die 24,2 Kilometer lange Strecke Putbus-Göhren wird von der leicht hügeligen Landschaft der Insel umgeben Alte Alleebäume, welche die schmalen Kopfsteinpflasterstrassen säumen,

erinnerten mich an die Zeiten meiner Jugend in Baden-Württemberg. Diese Alleen begleiteten teilweise auch die eingleisige Schmalspurbahn.

Einen großen Reiz hatte bei mir die Wittower Fähre ausgelöst. Sie wurde von mir mehrmals benutzt, um auch gleichzeitig die Reste des Streckenabschnittes Fährhof-Altenkirchen zu finden. So manches altes Kleinbahnrelikt war noch vorhanden.

Bei der Planung zum Bau der Schmalspurlinie gab es anfangs Überlegungen, auch eine Brücke über das Gewässer zwischen Rassow-Strom und dem Breetzer Bodden zu bauen. Eine Brücke ohne Zwischenstützen war jedoch kostenmäßig und auch technisch nicht zu vertreten. Das wurde von den ortsansässigen Fischern jedoch gewünscht. Die Entscheidung fiel somit zugunsten von Fähren. Zunächst wurden zwei Fährschiffe in Auftrag gegeben, welche die Schmalspurbahn und Fuhrwerke, später auch Autos transportieren konnten. Es waren dies die von der Vulcan-Werft in Stettin gebauten Fährschiffe »Wittow« und »Jasmund«. 1911 wurde die »Jasmund« abgegeben und die von der Werft Nüschke & Co. in Stettin gebaute

»Jaspar von Maltzahn« in Betrieb genommen. Die »Jaspar von Maltzahn« erhielt im Jahre 1949 den Namen »Bergen«. Bei meinem Besuch 1991 waren beide Schiffe im täglichen Einsatz.

1968 war der Fährverkehr für die Schmalspurbahn eingestellt worden. Im Bereich Fährhof-Altenkirchen wurde der Verkehr am 10. September 1968 aufgegeben. Im Bereich Bergen-Ost – Wittower Fähre war am 20. Januar 1970 offiziell Schluss. Somit wurden die beiden Fähren nur noch für den Autoverkehr und Fußgänger genutzt. 1991 war der Bahnhof Fährhof und der Bahnhof Wittower Fähre noch gut erkennbar. Die alten Wellblechhütten waren noch erhalten.

Die alte Fähre »Wittow« wurde 1994 durch eine größere Fähre gleichen Namens ersetzt.

Technische Daten der Fähren:

Fähren: »Wittow« / »Bergen«
Werften:
Vulcan-Werft Stettin /
Nüschke & Co Stettin
Baujahr: 1896 / 1911
Antrieb: Diesel / Diesel
Leistung: 750 PS / 750 PS
Länge: 24,04 m / 23.07 m
Breite: 5,32 m / 5,33 m
Gleislänge: 22,00 m / 22,00 m
Tiefgang: 1,40 m / 1,40 m
Es waren im August 1991 herrliche Tage auf Rügen, welche

Oben: 199 001 am 30.8.1991 in Putbus.
Mitte: Personenwagen RüKB 53 am 30.8.1991 in Putbus.
Unten: Das am 26.8.1991 noch stark renovierungsbedürftige Bahnhofgebäude in Putbus.

99 1791 am 25.8.1991 in Putbus.

99 4802 am 28.8.1991 mit Personenzug in Baabe.

mir nicht nur wegen der Kleinbahn in Erinnerung geblieben sind. Noch heute sprechen wir über das Erlebte in Zusammenhang mit der Nachzeit der Wende.

Die vierzehn Tage bei der Schmalspurbahn vergingen wie im Fluge. Das liebenswürdige Personal der Rügenschen Kleinbahn ist unvergessen. Als Erinnerung erhielt ich von einem Mitarbeiter der Bahn verschiedene Edmondson´sche und sonstige Fahrkarten der DR, welche ich heute als Schatz betrachte.

Auf die Zeit nach 1991 möchte ich nicht eingehen. Es sollte ja nur eine Erinnerung an die Bahn kurz nach der Wende sein. Aber ich wünsche der heutigen Schmalspurbahn eine gesicherte Zukunft.

Quellenangaben

- Eigene Aufzeichnungen
- »Zeunert's Schmalspurbahnen«: Diverse Ausgaben. Verlag Ingrid Zeunert, Gifhorn
- »Das große Buch der Rügenschen Kleinbahnen«; Bauchspies/Jünemann/Kieper. Verlag Feld- und Schmalspurbahnen, Celle
- »Die Eisenbahn auf Rügen«. EK-Special 89, EK-Verlag
- »Die Rügenschen Kleinbahnen«; Bauchspies/Jünemann/Kieper. Transpress VEB Verlag für Verkehrswesen

Dr. Markus Strässle

Die ÖBB-Diesellokreihe 2095 feiert den 50. Geburtstag

Vorgeschichte

Mitte der 50er Jahre des Zwanzigsten Jahrhunderts planten die Österreichischen Bundesbahnen für ihre damals zusammengezählt noch etwa 500 Kilometer 760 mm-Schmalspurstrecken die Beschaffung neuer Diesellokomotiven zur Ablösung der großteils stark in die Jahre gekommenen Dampflokomotiven. Damals wurde die Zugförderung auf den ÖBB-Schmalspurstrecken (abgesehen von den 16 E-Loks 1099.01 bis 16 der Mariazellerebahn) durch ca. 60 Dampflokomotiven verschiede-

ner Bauart und 21 Diesellokomotiven aus den Vorkriegs- und Kriegsjahren abgewickelt, wobei die vorhandenen Dieselloks der Baureihen 2090 (1x), 2190 (3x), 2091 (12x), 2092 (4x) und 2093 (1x) entweder für schwerere Züge zu leistungsschwach oder zu langsam und damit nur für den Verschubdienst geeignet waren.

Es wurden von der Fahrzeugindustrie Angebote eingeholt, wobei zwei Haupttypen der SGP in die engere Auswahl gelangten. Einmal existierte ein Projekt für eine vierachsige Drehgestell - Mittelführerstand - Lok mit wahlweise

Waldviertelbahnen: 2095.12 im Sommer 1967 im Bahnhof Gmünd.

Foto: A. Weinhandl/Sammlung Dr. Markus Strässle

Bregenzerwald-Museumsbahn: *2095.01 am 3.8.2002 in Bezau.*

340 oder 400 PS und einem Gewicht von ca. 28 Tonnen. Diese Lok hätte aufgrund Ihrer Achslast von 7 Tonnen auf praktisch allen damaligen Schmalspurstrecken eingesetzt werden können, wäre aber in punkto Leistung und Zugkraft nicht überall ausreichend gewesen.. Sie trug die Bezeichnung LDH 340/s oder LDH 400/s und hätte einen Vier-Takt-Dieselmotor erhalten sollen. Als Reihenbezeichnung war 2094 vorgesehen, doch verzichteten die ÖBB schliesslich auf eine Bestellung dieser interessanten Lokomotivtype. Als Option für eine mögliche spätere Beschaffung einer solchen Lokreihe wurde aber die Reihen-Bezeichnung 2094 damals frei gelassen.

Die zweite projektierte Lokomotive wurde als LDH 600/s bezeichnet und wies im Gegensatz zur LDH 400/s einen Lokkasten mit Endführerständen und ein gefälliges, modernes Erscheinungsbild auf. Sie sollte etwa 31 Tonnen schwer, 600 PS stark und mit einer V/max. von 60 km/h universell für alle Beförderungsleistungen auf den dafür vorgesehenen Strecken geeignet sein. Die Drehgestelle entsprachen jenen aus dem Entwurf für die etwas kleinere LDH 400/s.

Die Prototyp-Lok 2095.01
1958 wurde in der Simmeringer Lokomotivfabrik der SGP die erste Lok dieser neuen 760 mm-Schmalspur-Diesellok gebaut und als 2095.01

Pinzgauer Lokalbahn: 2095.01 am 6.7.2000 mit Personenzug.   2095-Fotos von Dr. Markus Strässle

den ÖBB zur Erprobung übergeben. Diese vierachsige Lok mit dieselhydraulischem Antrieb und Kraftübertragung auf jeweils eine Achse der beiden Drehgestelle mit Stangenantrieb der jeweils zweiten Achse vermochte sowohl durch Ihr modernen Erscheinungsbild als auch im Probebetrieb zu überzeugen.

Im Herbst 1958 wurde die Lok im Bereich des Wiener Praters bei der Rotunde auf einem eigens verlegten kurzen 760 mm-Gleisstück der interessierten Öffentlichkeit präsentiert. Anschließend wurde die Lok zuerst auf der Mariazellerbahn einer eingehenden Erprobung unterzogen.

Dabei erreichte die 2095.01 bei Probefahrten auf einem geraden Streckenstück erstmals eine maximale Höchstgeschwindigkeit von 72 km/h und vermochte auch auf der Bergstrecke Alpenbahn die Erwartungen in punkto Zugkraft zu erfüllen.

Die Diesellok 2095.01 konnte es in der Ebene mit den Stangenelloks der Reihe 1099 der ÖBB aufnehmen, auf der Bergstrecke sind ihr die sechsachsigen Elloks kraftmässig etwas überlegen. Im Vergleich zu den Dampfloks konnte

die 2095.01 alle damals noch vorhandenen Lokomotivtypen in punkto Kraft problemlos ersetzen und begeisterte auch im praktischen Einsatz.

In der Folge wurde nach ihrer Erprobung auf der Mariazellerbahn und der Krumpe (Zweigstrecke von Ober Grafendorf nach Wieselburg und Gresten) die 2095.01 zuerst einige Zeit auf der 35 Kilometer langen Bregenzerwaldbahn Bregenz-Bezau eingesetzt, ehe sie nach der Lieferung ihrer später gebauten Schwesterloks auf die Pinzgauer Lokalbahn überstellt wurde, wo sie in den Folgejahren eine der Stammloks wurde und bis 2008, inzwischen wieder optisch weitgehend in den Ablieferungs-Zustand versetzt, im regelmäßigen Einsatz stand.

Die Diesellok feiert quasi als »Ur-Mutter« der Reihe 2095 im Herbst 2008 in recht guter Verfassung ihren 50. Geburtstag. Bis heute besticht die Lok durch ihr zeitloses, gelungenes Design.

Die Nachbauten 2095.02 und 2095.03
In der Folge wurden zuerst zwei weitere Loks mit den Nummern 2095.02 und 03 nachgebaut und 1960 geliefert. Sie waren wie die 2095.01

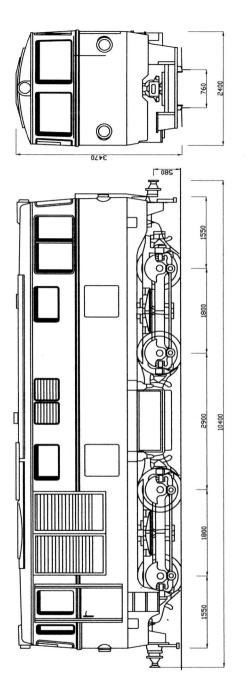

Zeichnung: Karin Fricke

ÖBB-Diesellokreihe 2095 für 750 mm-Schmalspurbahnen.

mit einem Dampfheizkessel zur Heizung der Personenwagen im Winter ausgerüstet worden und wiesen auf der einen Seite rechts eine große Lüfterjalousie auf. Wie die 2095.01 wurden auch die nachfolgenden Lokomotiven zuerst karminrot/beige mit silberfarbenem Dach lackiert.

Die 2095.02 gelangte nach der primären Erprobung auf der Mariazellerbahn als erste 2095er zur Pinzgauer Lokalbahn, die 2095.03 verblieb zuerst auf der Zweigstrecke Ober Grafendorf-Wieselburg - Gresten der Mariazellerbahn (Krumpe), ehe sie schliesslich gemeinsam mit 2095.01 und 02 definitiv auf die Pinzgauer Lo-

Waldviertelbahnen: 2095.12 am 13.10.1985 in Weitra.

kalbahn umstationiert wurde, wo alle drei Prototyp-Lokomotiven schliesslich zusammengefasst worden sind. Sie bildeten gemeinsam mit der etwas später aus Gmünd dazugekommenen 2095.11 über Jahrzehnte das Rückgrat der Traktion auf der Pinzgauer Lokalbahn. Leider wurden die 2095.02 und 2095.03 dort bei einer Frontalkollision infolge menschlichen Versagens im Juli 2005 so schwer beschädigt, dass beide Lokomotiven in der Folge ausgemustert und als erste Ihrer Baureihe in St. Pölten abgebrochen werden mussten.

Die Serienmaschinen 2095.04 bis 2095.15
Aufgrund der guten Bewährung der drei Prototyp-Lokomotiven erfolgte die Bestellung von insgesamt zwölf weiteren, leicht abgeänderten Dieselloks dieser Reihe ohne Dampfheizkessel und, von außen leicht unterscheidbar, Anordnung der großen Lüfterjalousie links statt rechts an der einen Kastenseitenwand. Diese Lokomotiven wurden in den Jahren 1961 und 62 von der Lokomotivfabrik Floridsdorf geliefert und erhielten die ÖBB Betriebsnummern 2095.04 bis 2095.15. Als Besonderheit muss erwähnt werden, dass die fünf letzten Loks

zuerst während eines guten Jahres als SGP-Lokomotiven bezeichnet waren und von den ÖBB zuerst nur angemietet wurden, ehe Sie dann doch ins Eigentum der Bundesbahnen übergingen. Diese fünf letzten Lokomotiven trugen daher in ihrem ersten Betriebsjahr ein SGP-Firmen-Symbol anstelle des ÖBB-Emblems an ihren Stirnseiten. Erst nach dem Kauf durch die ÖBB wurde das SGP-Symbol durch das ÖBB-Flügelrad getauscht.

Weitere Anschlussbestellungen durch die ÖBB oder durch österreichische Privat- oder Werksbahnen unterblieben, auch ein erhoffter Export-Auftrag für diese Lok ließ sich damals nicht realisieren. Die 2095.09 absolvierte seinerzeit zwar Probefahrten in Bulgarien auf der dortigen Rhodopen-Gebirgsbahn, doch erwies sie sich dort vor Probegüterzügen als zuwenig leistungsfähig, so dass schliesslich eine bereits erprobte Henschel-Diesellok-Type mit ca. 1100 PS Leistung für jene 760 mm-Strecke beschafft wurde.

Modernisierungs-Schub
nicht für alle ÖBB-760 mm-Strecken
Auch die ÖBB selbst bestellten in den 1960er

Waldviertelbahnen: 2095.12 verschiebt am 12.10.1985 in Litschaiu.

Jahren dann keine weiteren neuen 760 mm-Diesellokomotiven mehr, obwohl sie mit der beschafften Anzahl von insgesamt 15 Exemplaren der Reihe 2095 nicht in der Lage waren, alle Schmalspurstrecken vollumfänglich zu »verdieseln« bzw. bei einigen Strecken ganz auf den Dampfbetrieb zu verzichten. Offenbar plante oder rechnete man schon zu Beginn der 1960er Jahre mit der Stilllegung einzelner Strecken, die man wohl in gewisser Weise intern als »Auslaufbetrieb« für ältere Triebfahrzeug-Reihen einstufte.

Die Zuteilung der Diesellokomotiven der Reihe 2095

Die Dieselloks der Reihe 2095 waren in den ersten beiden Jahrzehnten relativ fix den nachfolgend angeführten Schmalspur-Zugförderungsstellen der ÖBB zugeteilt, wobei mit dieser Lokreihe die Bregenzerwaldbahn und die Pinzgauer Lokalbahn komplett »verdieselt« werden konnten. Bei der Ybbstalbahn und Krumpe ergab sich ein Mischbetrieb, und auf der Waldviertelbahn waren anfänglich kurzzeitig zwei, danach während etwa zwanzig Jahren dann meist nur noch eine Lok (2095.12) statio-

niert, die vor allem die schwereren Güterzüge auf dem Südast und zu ziehen hatte.

Nach der Einstellung der Bregenzer-Waldbahn (BWB) in den Jahren 1980 und 1983 (Reststrecke Bregenz-Kennelbach) wurden noch 1980 die beiden Loks 2095.04 und 05 an andere Strecken abgegeben und nach der Einstellung des Restbetriebs nach Kennelbach auch die beiden 2095.06 und 2095.07. Da die Auflistung sämtlicher Vorkommnisse aus dem Lebenslauf für alle 15 Lokomotiven den Rahmen dieses kleinen Aufsatzes sprengen würde, möchte ich in der beigefügten Liste nur die Stationierung der Lokomotiven in einzelnen, ausgewählten Jahren aufzeichnen.

Veränderungen im Lokomotivpark der ÖBB durch den Einsatz der Reihe 2095

Mit den 15 neuen Lokomotiven 2095.01 bis 2095.15 konnte auf den meisten ÖBB-Strecken mit 760 mm-Spur der Dampflokbetrieb aufgegeben werden, da die Loks universell vor Güter- und Personenzügen verwendbar waren und sich im Alltag sehr gut bewährte. Stationiert wurden die Lokomotiven damals, nachdem jede eine Erprobungsphase auf der

Mariazellerbahn und Krumpe durchlaufen hatte, auf folgenden 760 mm-Strecken:
- Pinzgauer Lokalbahn
- Bregenzerwaldbahn
- Ybbstalbahn
- Waldviertelbahn
- Krumpe (Ober Grafendorf-Gresten).

Auf drei damals noch vorhandenen Strecken kam die Reihe 2095 nie zum Einsatz, und zwar auf der Steyrtalbahn, der Gurktalbahn und auf der Vellachtalbahn. Dort standen bis zur Einstellung der jeweiligen Strecken nur Dampfloks- oder im Gurktal auch ältere Diesellokomotiven der Reihe 2091 im Einsatz.

Heute, das heißt im Mai 2008, stehen von den ursprünglichen 15 Loks noch 13 bei den ÖBB in Verwendung. Die beiden Loks 2095.02 und 03 der ersten Serie sind nach einer Frontalkollision auf der Pinzgauer Lokalbahn ausgemustert und verschrottet worden. Die nun fünfzigjährige 2095.01 ist nach wie vor vorhanden und kam, optisch wieder in den zweifarbigen Ablieferungszustand karminrot/beige zurückversetzt, bis zur Übernahme der Lokalbahn durch die SLB noch vor

Personenzügen auf der Pinzgauer Lokalbahn von Zell am See aus nach Mittersill zum Einsatz.

Zwei Loks (2095 004 und 2095 006 wurden bei Übernahme der Pinzgauer Lokalbahn von den SLB gekauft und als Loks Vs 72 und Vs 73 eingereiht.

**Farbgebung
und Beschriftung
im Laufe der Jahre**

Das offizielle Farbschema für die Lackierung dieser Lokomotiven der Reihe 2095 wechselte im Verlauf der Jahre mehrmals. Ursprünglich waren die Maschinen karminrot/creme, später dann einfarbig blutorange und danach verkehrsrot mit zuerst beigefarbener, später achatgrauer Bauchbinde lackiert. Nach Einführung des Computernummern wurden die Loks auch ihrer erhabenen Metallziffern beraubt Diese wurden durch einfache Klebeziffern und den damals neuen »ÖBB-Pflatsch« abgelöst. Heute sind wieder drei der noch vorhandenen 13 Lokomotiven der Reihe in historischer Lackierung und mit alten ÖBB-Flügelrad-Symbolen unterwegs. Es handelt sich im einzelnen um 2095.01 in Zell am See (karminrot/beige),

Mariazellerbahn/Krumpe: 2095 011 am 23.10.1997 mit Rollwagengüterzug nach Wieselburg.

2095.05 in Waidhofen an der Ybbs (karminrot/beige) und 2095.12 in Gmünd / Waldviertel (blutorange).

Die Lokomotiven der Reihe 2095 als Modell
Von den Diesellokomotiven der Reihe 2095 wurden aufgrund der gelungenen Bauart und der vielseitigen Einsetzbarkeit des Vorbilds im Laufe der Jahre von mehreren Modellbahnherstellern Nachbildungen geliefert. Zu Beginn der 1970er Jahre wurden von Liliput erste H0e-

Modelle der 2095.04 (rot/beige) und 2095.11 (rot) angeboten.

Von Lehmann erschien 1973 im Katalog die Ankündigung eines Modells der 2095.11 in rot, welche sich in der Folge zu einem wahren Star im LGB-Sortiment entwickelte, da die Lok auch im Modell durch ihre große Zugkraft überzeugte. Später folgten auch hier weitere Varianten in rot/beige, verkehrsrot, verkehrsrot mit weißer Bauchbinde und schliesslich zuletzt

Waldviertelbahnen: 2095 012 am 17.10.1990 zwischen Litchau und Alt Nagelberg.

Alle Fotos zum 2095-Bericht von Dr. Markus Strässle

Marizellerbahn/Krumpe: *2096 013 am 23.10.1997 mit Rollwagengüterzug in St. Leonhard.*

im Jahr 2006 als 2095.06 in blutorange des Zustands um 1983.

Auch in H0e gab es in der Folge, nachdem es von Liliput vor dem Konkurs der Firma zuerst noch weitere Varianten mit anderen Loknummern als die zwei schon erwähnten gegeben hatte, Modelle der Firmen Stängl & Salber und Dolischo, wobei für diese zwei zwar aus der gleichen Produktion stammenden Modelle verschiedene Antriebe bzw. Motoren zur Anwendung kamen.

Von einem Kleinserien-Hersteller wurde als Ergänzung noch ein Kunststoff-Gehäuse der Variante 2095.01 - 2095.03 als Tauschteil hergestellt (Lüfter-Anordnung geändert).

Literatur-Hinweise

Fotos und Angaben zur Diesellok-Familie 2095.01 bis 15 findet man in zahlreichen Büchern zum Thema »Schmalspurbahnen in Österreich«.

Eine umfassende Liste aller Monographien über die einzelnen Strecken würde den Rahmen dieses Artikels sprengen, doch möchte ich zumindest auf ein paar wichtige Standardwerke mit weiterführenden Angaben zu Stati-

onierungen der Lokomotiven etc. hinweisen:

»ÖBB-Baureihe 2095«; Kuderna/Pühringer; Verlag »Bahn im Film«, Wien 2007

»Triebfahrzeuge österr. Eisenbahnen-Diesel-Lokomotiven«; Doleschal/Gerl/Petrovitsch/ Saliger, Alba-Verlag, Düsseldorf 1993

»Schmalspurig durch Österreich«; Krobot/Slezak/Sternhart, Verlag Slezak, Wien 1961, 1975, 1984 und 1991

»Renaissance der Schmalspurbahn in Österreich" Slezak/Sternhart, Verlag Slezak, Wien 1986.

»Schmalspurbahn Aktivitäten in Österreich«; Strässle, Verlag Slezak, Wien 1997

»Schmalspurig durch Österreich–Aktuelles und Nostalgisches«; Pawlik/Strässle, Verlag Slezak, Wien 2007

»Die Mariazellerbahn«; Felsinger/Schober, Verlag Pospischil, Wien 2002

Diverse weitere Berichte zum Thema u.a. in

»Zeunert's Schmalspurbahnen«, Verlag Ingrid Zeunert, Gifhorn

»Eisenbahn«, Wien

»Modelleisenbahn«, Bregenz

»Schienenverkehr aktuell«, Wien

Mariazellerbahn/Krumpe: *2095 006 am 4.11.1994 auf der Rampe vor Ober Grafendorf.*

Einsatzorte der ÖBB-Diesellok Reihe 2095

a) 1962 nach Ablieferung aller 15 Lokomotiven

Pinzgauer Lb	Bregenzer Waldb	Ybbstalbahn	Waldviertelbahn	Mariazellerbahn
Zell am See	Bregenz	Waldhofen/Y.	Gmünd	Ober Grafendorf
2095.01	2095.04	2095.07	2095.11	2095.13
2095.02	2095.05	2095.08	2095.12	2095.14
2095.03	2095.06	2095.09		2095.15
		2095.10		

b) 1963 bis 1980 (»stabile Phase«)

2095.01	2095.04	2095.08	2095.12	2095.13
2095.02	2095.05	2095.09		2095.14
2095.03	2095.06	2095.10		2095.15
2095.11	2095.07			

c) 1984 (nach der Einstellung der Bregenzerwaldbahn 1980/83)

2095.01	2095.05	2095.12	2095.04
2095.02	2095.08	2095.14	2095.06
2095.03	2095.09		2095.11
2095.07	2095.10		2095.13
			~~2095.15~~

d) Aktueller Bestand 2008

Zell am See	Waidhofen/Y.	Gmünd	**St.PöltenAlpenbf.
2095 001	2095 005	2095 012	2096 006***
2095 004***	2095 007	2095 014	2095 011
2095 015*	2095 008		2095 013
	2095 009		
	2095 010		

* 2095.15 ist Leihlok der Krumpe und kam vorübergehend als Aushilfe nach Zell am See. Es ist vorgesehen, die 2095.15 an die Mariazellerbahn zurückzugeben.

** Die Zugförderungsstelle Ober Grafendorf wurde aufgegeben und die Fahrzeuge für die »Krumpe« der Zugförderungsstelle St. Pölten-Alpenbahnhof zugeteilt.

*** Von den Salzburger Lokalbahn wurden für die SLB-Pinzgauer Lokalbahn die Dieselloks 2095 004 und 2095 006 gekauft und als Vs 72 und Vs 73 bezeichnet.

Rolf Goetze

Die Schmalspurbahn Le Blanc-Argent sur Sauldre in Frankreich

Neben diversen Museumsbahnen, die in Frankreich als »Chemins de fer Touristique« firmieren, gibt es auch noch Regelverkehr auf schmaler Spur. Einer dieser Bahnen, ein Teil des ehemals 30.000 km umfassenden Meterspurnetzes in Frankreich, galt ein Besuch im Juni 2007.
Es handelt sich um die Stecke von Salbris nach Luçay le Mâle, der so genannten »Blanc-Argent« (BA). Diese Bahn führte einst über 191 km von Le Blanc (Indre) bis nach Argent sur Sauldre (Cher). Die Strecke wurde in verschiedenen Abschnitten in den Jahren 1901 und 1902 in Betrieb genommen. Konzessioniert von der Paris-Orléans Bahngesellschaft (PO) wurde die Bahn ab 1906 von der CF du Blanc à Argent betrieben. 1938 wurde sie dann, zusammen mit

den anderen privaten Bahngesellschaften, zur SNCF zusammengefasst.
Bereits 1939 wurde der Personenverkehr auf dem Abschnitt Salbris-Argent aufgegeben. Der Güterverkehr wurde zwischen Clémont und Argent 1951 eingestellt. 1973 folgte dann die Einstellung des Verkehrs zwischen Salbris und Clémont. Abgebaut wurde der Oberbau bis 1977. Auf dem südlichen Abschnitt von Buzancais nach Le Blanc wurde der Verkehr 1953 eingestellt. Und 1980 erfolgte die Einstellung des Verkehrs von Lucay le Mâle nach Buzancais. Der letzte Zug fuhr hier, zum Abräumen der Strecke 1990. Zwischen Argy und Buzancais erfolgte der Rückbau bis 1992.
Auf der gesamten Strecke wurde der Güterver-

Endbahnhof Salbris Blanc-Argent am 18.6.2007 mit X74504 und X74502.

Pruniers stellt sich immer noch als typischer Vertreter der CFD Empfangsgebäude dar.

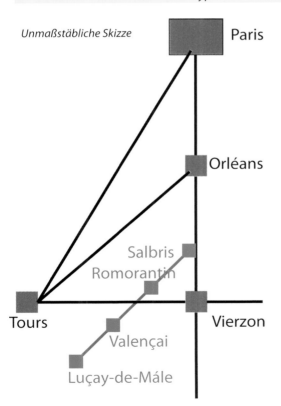

Unmaßstäbliche Skizze

Paris

Orléans

Salbris
Romorantin

Tours

Vierzon

Valençai

Luçay-de-Mále

kehr 1988 aufgegeben. Seit dem findet nur noch Personenverkehr auf dem 67 km langen Abschnitt von Salbris nach Luçay le Mâle statt.

Zur Geschichte der Fahrzeuge kann hier nur soviel gesagt werden, dass bereits 1921 die ersten Dieseltriebwagen verwendet wurden, und dass der Dampfbetrieb 1953 endete. Auf der Basis von zwei der C-gekuppelten Dampflokrahmen wurde die beiden Rangierdieselloks BA 13 und 14 gebaut. Im Personenverkehr wurden seit dieser Zeit hauptsächlich Triebwagen von DeDion und später von Socofer/CFD eingesetzt. Die aktuell eingesetzten fünf Triebwagen von CFD des Typs X74500 wurden 2003 in Betrieb genommen. Diese werden, zumindest in zwei Fahrplanleistungen, noch von den Vorgängertypen X241 und X242 (CFD 1983/1984) unterstützt. Der Streckenabschnitt von Luçay le Mâle nach Argy wird seit 2003 von der Museumsbahn »Train du Bas-Berry« betrieben. In den Sommermonaten finden hier touristische Fahrten mit zwei Deutz-Dieselloks und einer Dampflok statt. Der Betriebsmittelpunkt dieser Bahn ist Ecueille, wo ein dreigleisiger Schuppen neu gebaut wurde. Daneben stehen dort noch einige Fahrzeuge im Freien. Der Abschnitt Argy nach Buzancais wurde 1992 abgebaut und 1993 in Regelspur wieder in Betrieb genommen. Diese Strecke dient als Anschlussgleis für das Getreidelager der Cooperative in Argy zur Strecke von Tour nach Châteauroux.

Zurück zum regulären Betrieb, wie er im Juni 2007 von Keolis im Auftrag der SNCF abgewickelt wird. Der Taschenfahrplan weist 24 bzw. 26 Zugfahrten je Richtung auf. Allerdings ist hier zu berücksichtigen das einige Züge nur an bestimmten Tagen, Jahreszeiten oder nur auf Teilabschnitten verkehren. Es werden auch gleiche Teilstrecken an verschiedenen Tagen zu unterschiedlichen Zeiten befahren. Für den Zugreisenden und den fotografierenden Eisenbahnfreund heißt das, dass der Taschenfahrplan immer in derselben zu sein hat. Das Kleingedruckte ist aufmerksam zu lesen, um keine böse Überraschung zu erleben. Trotzdem ist der Verkehr für eine solche Nebenbahnstre-

Oben: *Der Bahnhof Varennes ist bereits bis auf ein Gleis zurückgebaut und wird mangels Fahrgästen in Schrittgeschwindigkeit durchfahren.*
Mitte: *Der 17.15-Uhr-Zug nach Luçay le Mâle wurde am 21.6.2007 in Valencay hauptsächlich von Schülern genutzt.*
Unten: *Auch der Bahnhof von Luçay le Mâle zeigt sich als typischer CFD Vertreter.*

Die Ausfahrt in Richtung Salbris ist in Valencay durch einen genossenschaftlichen Bau geprägt.

cke beachtlich und teilweise umfangreicher als auf einigen Regelspurstrecken in Frankreich. Nur von einem Taktfahrplan kann keine Rede sein, was aber in Frankreich die Regel ist. Dafür sind die Züge sehr pünktlich. Zum Teil liegt das aber daran, dass auf Bahnhöfen, wo niemand aus- oder zusteigen möchte, erst gar nicht gehalten wird. Diese Betriebsstellen werden dann mit Schrittgeschwindigkeit durchfahren. Trotz teilweise bedenklichem Oberbau in Kiesbettung werden mit den X74500 Triebwagen Geschwindigkeiten bis 70 km/h gefahren. Die 12 m-Gleisjoche machen sich dann deutlich in der Wirbelsäule des Reisenden bemerkbar. Schön sind in den Triebwagen zwei Plätze rechts vom Triebwagenführer, die bei der Fahrt einen direkten Blick auf die Strecke erlauben. Auffällig ist der Abschnitt Valencay-Luçay le Mâle. Dieser scheint wenig frequentiert zu sein, wenn man von dem Schülertransport am Nachmittag absieht. Hier findet man auch den ältesten Oberbau in Kiesbettung und sehr variablen Schwellenabstand. Allerdings kann das insgesamt geringe Verkehrsaufkommen auch daran liegen, dass im Juni 2007 die Hauptbahn

Tours-Vierzon, an die die BA in Gievres Anschluss hat, gerade ohne Betrieb war, da dort Elektrifizierungsarbeiten durchgeführt wurden. Valencey hat ein größeres Aufkommen an Fahrgästen als die Zwischenstationen. Das liegt an den touristischen Zielen Renaissance-Schloss und Automuseum. Das Schloss wurde einst von Talleyrand, dem Außenminister Napoleons, auf dessen Geheiß als staatliches Gästehaus gekauft. Hier wurden auch während der französoschen Besetzung Spaniens die spanischen Kronfolger gefangen gehalten. Der Betriebsmittelpunkt der BA ist Romorantin-Lathenay, wo sich der Betriebshof, eine moderne Wagenhalle und die Werkstatt befindet. In Valencay gibt es noch einen Triebwagenschuppen mit Grube, der aber nur zur bedarfsweisen Durchsicht von Fahrzeugen genutzt wird. In Gievres besteht der genannte Anschluss an die Hauptbahn Tour-Vierzon und in Salbris Anschluss an die Linie Orléans-Vierzon. Dort endet die Strecke an zwei Stumpfgleisen ohne größere Bahnbauten. Besetzt mit einer Aufsicht sind noch die Bahnhöfe La Fertte Imbault, Faubourg d' Orléans, Romoranthin,

Gievres, Chabris, Valencay und Luçay le Mâle. Die Bahnhöfe sind bis eine halbe Stunde vor Abfahrt des Zuges geschlossen. Erst dann kann man beim Aufsichtsbeamten auch Fahrkarten erwerben. Diese werden handschriftlich ausgestellt, sind aber vor Antritt der Fahrt an einem Automaten abzustempeln. Alle Züge sind mit einem Triebwagenführer und einem Zugführer besetzt. Die Bahnhöfe entsprechen weitgehend einem einheitlichen Muster. Sie haben meistens drei Gleise, wobei der Rückbaustand verschieden ist. Unterschiede gibt es in Valencay mit der Abstellgruppe und dem eingleisigen Schuppen. Dort ist auch, wie in Luçay le Mâle, der ehemalige Anschluss an ein landwirtschaftliches Lager noch gut zu erkennen. Die Gebäude sind fast alle gleich und entsprechen den üblichen Standardbauten der CFD mit zwei Türen und Etagen sowie dem angebauten Güterschuppen. Der Güterschuppen besteht aus Fachwerk mit Ziegelausmauerung. Eines der Bahnhofsgleise führte dann auch CFD typisch direkt vor dem Empfangsgebäude entlang, um den Güterschuppen anzuschließen. Eine typische Eigenart der BA Gebäude sind die Bahnhofsnamen die nicht angemalt sind, sondern durch

Oben: *Die Schranken sind heruntergekurbelt, und gleich erhält X74504 die Fahrtfreigabe in Richtung Valencay.*
Unten: *Ein Triebwagen des Typs X241 hat den Ortsrand von Valencay fast erreicht.*

Ein Überblick über die Anlagen des Bahnhofs Valancay. *Alle Fotos von Ralf Goetze*

Keramikkacheln mit einzelnen Buchstaben »angeschrieben« werden. Eine Ausnahme bildet das EG in Valencay, das einen eher schlossähnlichen Charakter hat. Diese architektonische Ähnlichkeit ist darauf zurückzuführen, dass der Herzog Talleyrand das Empfangsgebäude finanziert hat. Auch das EG in Romorantin fällt aus der Reihe, da es sich um ein ehemaliges Regelspur-Bahnhofsgebäude handelt. Diese lag an der Strecke von Blois nach Villfranche sur Cher. Diese Strecke ist abgebaut, hat aber früher die Schlösser der Loire miteinander verbunden. Der Abschnitt Romorantin-Villefranche existiert noch als Anschluss. Der Rest in Romorantin ist auf Meterspur umgebaut.

Die Landschaft, durch die die Bahn führt, ist auf dem Abschnitt Romorantin-Salbris hauptsächlich durch Kiefernwälder geprägt. Und Richtung Lucay le Mâle, südlich der Cher, wechseln sich Getreidefelder mit Waldgebieten in hügeliger Gegend ab.

Die beruhigende Landschaft, die historischen Ortschaften mit sehr vielen alten Landsitzen und Schlössern, sowie der hier beschriebene interessante Bahnbetrieb sollen den Eisenbahnfreund zu einem Besuch in Zentralfrankreich anregen. Besonders in der Vor- und Nachsaison ist diese Landschaft zu empfehlen, da sie nicht besonders von Touristen überlaufen ist. Neben den berühmten Schlössern wie Cheverny, Chenonceau und Chambord locken auch historische Städte wie Blois, Orléans und Tours. Das Zentrum von Paris ist per Bahn schnell und bequem zu erreichen. Und auch die Bahnlinien Paris-Orléans-Tours, Paris-Orléans-Châteauroux sowie Tours-Vierzon weisen regen Hauptbahnbetrieb auf, der den Eisenbahnfotografen lockt.

Die Bilder zu meinem Bericht zeigen eine Reise von Salbris nach Lucay le Mâle und zurück bis Valencay. Alle Aufnahmen sind in der Woche vom 18. bis 22. Juni 2007 entstanden.

Quellen im Internet:
http://j.liennard.free.fr/sommaireba.htm
http://traintouristiquedubasberry.com

Martin Raddatz

Die schmalspurige Werkbahn des Soda-Werks in Bernburg

Schmalspurige Werkbahnen im Oberleitungs-betrieb sind in Deutschland selten geworden. Die letzten Domänen dieser Bahnen waren der Braunkohle-Tagebau und Kalksteinbrüche. In Sachsen-Anhalt werden noch zwei elektri-fizierte Steinbruchbahnen für Sodawerke be-trieben. Soda ist ein wichtiger Rohstoff für die Glasherstellung und Eisenverarbeitung sowie für die Erzeugung synthetischer Produkte wie z. B. Reinigungsmittel. Der Belgier Ernest Solvay fand eine Methode zur industriellen Herstel-lung von Soda. Nach Solvay werden eine Salz-lösung und - aus der Verbrennung von Kalk-stein gewonnenes - Kohlendioxid unter dem Einsatz von Ammoniak zusammengeführt, um

künstlich Soda zu erzeugen. Im Raum Bern-burg und Staßfurt gab es reiche Vorkommen an den Rohstoffen Kalkstein und Steinsalz, so dass sich hier ein Zentrum der Sodafabrikation entwickeln konnte. In diesem Band telle ich das Sodawerk in Bern-burg vor. Solvay gründete 1880 hier die So-dafabrik und wurde zum größten deutschen Sodahersteller. Das Solvay-Werk in Bernburg entstand am Südufer der Saale, wurde 1883 in Betrieb genommen und entwickelte sich zu einem bedeutenden Industriestandort. Das Werk wurde 1939 unter NS-Verwaltung ge-stellt. 1952 nahm es die Produktion als Volksei-gener Betrieb der DDR wieder auf. 1991 ist das

Alte Ellok 2 im Mai 2001 am einzigen Bahnübergang nahe dem Depot.

Alter Zug mit Altellok 2 im Mai 2001 auf der Saalebrücke. Davor liegt die DB AG-Brücke.

Bernburger Werk wieder in die Solvay-Gruppe eingegliedert worden. In den letzten Jahren hat man zahlreiche Investitionen, unter anderem auch in die Werkbahn, getätigt. Das heute als Solvay Chemicals GmbH firmierende Werk stellt in Bernburg unter anderem etwa 600.000 Tonnen Soda im Jahr her.

Seit jeher bezieht das Bernburger Solvay-Werk den für die Sodaproduktion benötigten Kalkstein aus einem Tagebau nördlich der Saale. Früher wurde der Kalkstein mit einer Seilbahn in das Werk transportiert. In den 1950er Jahren ist das Werk ausgebaut worden. Im Tagebau hat man eine Kalksteinaufbereitung aufgebaut, von der eine 2 km lange elektrifizierte Werkbahn zur Sodafabrik führte. Diese Werkbahn ist in 900 mm Spurweite ausgeführt und 1959 in Betrieb gegangen. Sie hatte keine Verbindung zu der in dem Steinbruch eingesetzten Feldbahn, die ebenfalls 900 mm Spurweite hatte, aber nicht elektrifiziert war.

Die Trassierung der Werkbahn ist bis heute im Wesentlichen unverändert geblieben. Die Strecke beginnt in einem zweigleisigen Bunker, in dem die Wagen von oben über Klappen beladen werden. Unmittelbar hinter dieser Beladeanlage führt die Strecke durch einen etwa 370 m langen Tunnel. Hinter der Tunnelaus-

fahrt schwenkt das Gleis in Richtung Süden. Es führt in einer weiten S-Kurve unterhalb des Zementwerkes durch einen ehemaligen Kalksteinbruch. Es folgt ein weiterer, etwa 70 Meter langer Tunnel. Hinter diesem wird der Betriebsmittelpunkt erreicht. Dieser besteht aus dem Unterwerk, einer Ausweiche und einem zweigleisigen Lokschuppen, dessen eines Gleis rückseitig auf eine Drehscheibe führt. Auf der weiteren Fahrt zum Werk wird eine kleine Straße gekreuzt. Der Bahnübergang war früher mit einer Schranke gesichert, heute reicht ein Blinklicht. Die Strecke steigt an, erst auf einer Böschungsrampe, dann auf einem Betonbogenviadukt, um schließlich auf einer Stahlbrücke die Saale zu überqueren. Am Südufer des Flusses liegt das Werk. Die Strecke endet mit zwei Gleisen an dem Entladebunker, der parallel zu den Kalköfen liegt.

Die Werkbahn ist stets elektrisch betrieben worden. Als Traktionsmittel wurden 1959 vom VEB Lokomotivbau-Elektrotechnische Werke Hennigsdorf (LEW) drei neue Fahrdrahtlokomotiven für Tagebaue des Typs EL 3 geliefert. Es handelt sich um eine vierachsige Drehgestell-Lok mit einem Gewicht von 75 t und einer Länge von 13.700 mm. Dieser Typ wurde zwischen 1951 und 1978 in 791 Exemplaren gebaut, davon waren 620 Loks für den Bedarf in der DDR (vor allem im Braunkohletagebau) bestimmt. Die Loks von 1959 wurden 1978 durch zwei neue EL 3 ersetzt: Lok 1 (LEW 1978/16433) und Lok 2 (1978/16434).

Für den Transport des Kalksteins standen zehn vierachsige Selbstentladewagen mit einem Fassungsvermögen von 33,5 t aus der Fertigung des VEB Waggonbau Gotha zur Verfügung. Die Werkbahn verkehrte immer im Einzugbetrieb. Der Zug bestand aus einer EL 3 (dunkelgrün) und fünf Wagen (staubgrau). Da der Leerzug wegen der Oberleitung unter die Beladung geschoben werden musste, befand sich die Lok am Südende. Sollten die Wagen in die hinteren Bunkerfächer entleert werden, musste die Lok am Depot umgesetzt werden, sonst blieb sie während der ganzen Fahrt am Südende.

Im Laufe der Zeit wurde eine Modernisierung des Kalksteintransports notwendig. Einer Umspurung der Werkbahn auf 1435 mm standen die Tunnels im Weg. Es wurde überlegt, die Schmalspurbahn durch eine Förderbandanlage zu ersetzen oder die alten LEW-Loks neu aufzubauen. Letztlich hat man sich entschieden,

Oben: Lokschuppen im April 2007 mit Neubaufahrzeugen. Ellok 1 an der Zugspitze und Ellok 2 rechts abgestellt.
Mitte: 900 mm - Drehscheibe hinter dem Lokschuppen. Links das Streckengleis.
Unten: Neue Ellok 2 im April 2007 am Bahnübergang.

Neue Ellok 1 im April 2001 vor dem Lokschuppen.　　　*Alle Sodabahn-Fotos von Martin Raddatz*

die Strecke zu überarbeiten und einen fabrikneuen Fahrzeugpark anzuschaffen.

Die Schalker Eisenhütte Maschinenfabrik GmbH in Gelsenkirchen hat zwei neue Fahrdrahtloks geliefert, die im äußeren Aufbau der EL 3 gleichen: Zwei Drehgestelle, Mittelführerstand, 75 t Dienstgewicht und 12.400 mm Länge. Angetrieben werden die Loks über Drehstrom-Asynchron-Motore mit IGBT-Wechselrichter. Die Nennleistung beträgt 4 x 200 kW. Die Loks wurden im September 2005 in Auftrag gegeben und Ende 2006 ausgeliefert: Lok 1 (Schalker Eisenhütte 2006/2566) und Lok 2 (Schalker Eisenhütte 2006/2567).

Von der Karl-H. Mühlhäuser GmbH & Co. KG in Michelstadt wurden sieben vierachsige Sattelbodenentleerer mit beidseitigen, fernsteuerbaren Entladeklappen beschafft. Diese Wagen fassen je 35 t. Sie sind auf der einen (südlich stehenden) Seite mit Beleuchtung und Warnleuchte ausgestattet.

Die neuen Fahrzeuge sind einheitlich elfenbeinfarbig mit einem breiten hellblauen Querstreifen lackiert. Ein Zug besteht aus einer Lok und fünf Wagen. Die übrigen Fahrzeuge stehen in Bereitschaft, da die Sodaproduktion auf eine

ständige Kalksteinförderung angewiesen ist. Mit den neuen Fahrzeugen hat sich auch der Betriebsablauf geändert. Im Plandienst fährt der Kalksteinzug als fester Verband im Zweirichtungsbetrieb Richtung Werk mit einem Wagen an der Spitze. Damit die Lok den Leerzug unter die Verladung ziehen kann, musste das Gleis in der Verladeanlage verlängert und mit einer seitlichen Stromschiene ausgerüstet werden. Die neuen Lokomotiven verfügen zu diesem Zweck auch über einen ausfahrbaren Seitenstromabnehmer. Der Lokführer kann Lok und Beladeklappen fernsteuern, ein Umsetzen der Lok entfällt.

Im November 2006 wurde die erste neue Lok nach Bernburg geliefert. Die Loks basieren auf ähnlichen Maschinen, die die Schalker Eisenhütte ab 1996 nach Chile geliefert hatte. Sie konnten wegen der seltenen Spurweite von 900 mm nicht vorab Probe gefahren werden. Die Fahrtests wurden deshalb in Bernburg nachgeholt. Als im Dezember 2006 die zweite Neubaulok kam, wurde die alte Lok 2 (LEW 16434/1978) als Denkmal im Tagebau aufgestellt. Die andere EL 3 stand im Frühjahr 2007 noch mit einer alten Zuggarnitur im Depot, während der Betrieb schon mit einem Neubauzug abgewickelt wurde. Die Kalksteinbahn wird werktäglich mit einem Zug betrieben. Das Werksgelände darf nicht betreten werden. Man kann die Bahn aber gut von öffentlich zugänglichen Stellen beobachten. Am Bahnübergang (Verlängerung der Straße Am Platz der Jugend) lässt sich das Betriebswerk einsehen. Am nördlichen Saaleufer und von der Saale-Straßenbrücke lässt sich die Strecke in Werksnähe beobachten. Etwas Steinbruchstimmung lässt sich auf dem Streckenteil zwischen den Tunnels einfangen, wenn man an der Altenburger Chaussee (Straße Richtung Nienburg) am Abzweig zum Zementwerk über die Kante schaut. Zur Vertiefung in die Materie sei der ausführliche Bericht »Die elektrische Kalksteinbahn des Sodawerks Bernburg« von Holger Neumann im »Werkbahnreport« Nr. 13 der »Historischen Feldbahn Dresden« empfohlen.

Der Vollständigkeit halber sei darauf hingewiesen, dass das Sodawerk Bernburg auch über eine normalspurige Werkbahn verfügt (Diesellok des LEW-Typs V 60 D).

Ein Bericht über das nahe Bernburg gelegene Sodawerk Staßfurt folgt im nächsten ZSB-Band 29.

Oben: Die alte Ellok 2 zieht im Mai 2001 einen beladenen Zug durch den alten Tagebau.
Unten: Neue Ellok 2 mit neuen Wagen auf der Strecke zwischen den Tunnels. Der beladene Zug wird geschoben.

Wolfgang Zeunert
Neue H0e- und 0n30-Modelle

ROCO H0e (33261): ÖBB-Stütztenderlok 399.04

Das Vorbild

Die Niederösterreichisch-Steierischen Alpenbahnen (heute ÖBB - Mariazellerbahn) beschafften zu Beginn des 20. Jahrhunderts für die langen und bis zu 25 ‰ steilen Steigungen auf der Bergstrecke Laubenbachmühle-Mariazell sechs leistungsstarke D-gekuppelte Stütztenderloks, die sich sehr gut bewährten. Die Mh 1-4 wurden 1906 und die Mh 5-6 1908 bei Krauss in Linz gebaut. Bei der DRG erhielten die Loks die Betr.-Nr. 99 1111-1116 und wurden letztlich bei den ÖBB zu 399.01-06.

Das Modell

Zunächst war von ROCO die Museumsausführung Mh 6 geliefert worden, die wir in ZSB 26 (S. 86-87) ausführlich beschrieben haben. 2008 folgte nun eine Variante in Form der ÖBB-Lok 399.04. ROCO ist glücklicherweise nicht der Versuchung erlegen, nur Lackierung und Be-schriftung zu ändern, vielmehr wurden die wichtigsten Unterschiede durch zusätzlich konstruierte Teile dargestellt. Deutlich wird das vor allem im Kesselbereich. Das Lokmodell hat jetzt einen normalen Rundschornstein, eine geänderte Pufferbohle und Rauchkammertür, Laternen für elektrische Beleuchtung und einen kastenförmigen Sanddom. Der Tender erhielt ebenfalls Laternen für elektrische Beleuchtung und vorbildgetreu rot lackierte Stromverteiler-dosen. Der bei der Mh 6 schwarze Rahmen ist bei der 399.04 rot angestrichen, auch die Räder sind rot lackiert. Dadurch kommt das zierliche Gestänge gut zur Geltung. Rote Handläufe und ein zwecks der Kälteisolierung weißer Wasserschlauch vom Tender zur Lok beleben von der Seite her gesehen die Lok vorteilhaft. Die Kesselnachbildung im Führerhaus ist ebenso bemerkenswert wie der Kohlenvorrat im Ten-

ROCO H0e (33261): *Die ROCO-H0e-Stütztendrdampflok 399.04 vor einem mit Liliput-Wagen gebildeten stilechten österreichischen Schmalspur-Personenzug.*

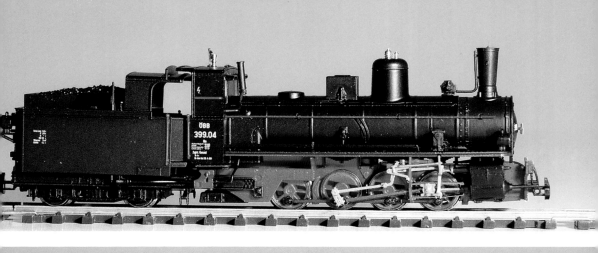

ROCO 33261: *Das prachtvolle H0e-Modell der ÖBB-Stütztenderdampflok 339.04.*

der, der wie echte Kohle aussieht, obgleich es nur fein gravierter Kunststoff ist. Die Kraft des Motors wirkt als Einachsantrieb auf die vierte Kuppelachse, die mit Haftreifen versehen ist. Die zweite Kuppelachse ist stärker seitenverschiebbar angeordnet, während die Räder der dritten Kuppelachse wie beim Vorbild keine Spurkränze haben, was in beiden Fällen die gute Kurvenläufigkeit unterstützt. Wie schon bei der Mh 6 dürften auch die niedrigen Spurkränze der 399.04 richtungweisend für weitere H0e-Lokkonstruktionen sein. Die Laufeigenschaften sind sehr gut. Die Lok kann schon im Analogbetrieb ganz langsam in Gang gesetzt werden, und fährt auch bei höherer Geschwindigkeit einwandfrei. Zur Nachrüstung mit einem Lokdecoder verfügt die Lok über eine Schnittstelle nach NEM 651 zum wirklich pro-

blemlosen Nachrüsten dieses Elektronikteils. Fazit: Schon das Erscheinen der Mh 6 war eine Sternstunde für alle H0e-Schmalspurbahner, denn damit hatte ROCO ein Lokmodell in bestechender Ausführung geschaffen, wie es das bislang als Großserie noch nicht gegeben hatte. Die neue 399.04 eröffnet nun auch Einsatzmöglichkeiten über Nostalgiezüge hinaus, denn mit Waggons von ROCO (und auch Liliput) kann ÖBB-Planbetrieb nach Vorbild bei den Waldviertelbahnen auf der Heimanlage gefahren werden.

ROCO H0e (34590): ÖBB-Güterwagen-Set

ROCO hat die Einzelpackungen von zwei vierachsige Rungenwagen und einem vierachsigen gedeckten Güterwagen in eine Klarsicht-

ROCO H0e (34590): Der Güterwagenset besteht aus drei vierachsigen Waggons, einem vierachsigen gedeckten und zwei mit Holz beladenen vierachsigen Rungenwagen.

schachtel gepackt. Beim Vorbild hat man bei einigen der Rungenwagen den mittleren Niederbord entfernt, um die Waggons mit Kränen oder Gabelstaplern besser beladen und ent-

ROCO H0e (34590): Die Waggons aus dem Güterwagenset.

laden zu können. Genau so hat ROCO diesen Holzwagen gestaltet. Zusätzlich wurden die Wagen mit abgelängtem Stammholz beladen, so wie es die holzverarbeitende Industrie verlangt. Das »Stammholz« ist zusammengeleimt, so dass es nicht lose irgendwie verrutschen kann.

Fazit: Waggons, die auf jeder Schmalspurbahnanlage Aufmerksamkeit erregen. Nebenbei ergeben die drei Wagen mit einer Gesamtlänge über Kupplung von 42 Zentimetern bereits einen kompletten Güterzug. Famos!

ROCO H0e (33241): Dampflok 99 4306

Die Modelleisenbahn GmbH. setzt die Erneuerung seines H0e-Feldbahnprogramms mit einer DR-Lok 99 4306 fort. Das Lokmodell mit dem hochragenden Rundschornstein und

ROCO H0e (33241): *Hier sind das neue (rechts) und das bisherige Feldbahnlok-Modell zu sehen. Im Vergleich der beiden Loks ist deutlich zu erkennen, daß das neue Modell dem alten entspricht, jedoch hat es ein komplett neues Fahrwerk mit Einachsantrieb bekommen.*

dem großen Dampfdom weckt perfekt die Illusion einer Dampflokomotive auf einer 600 mm-Schmalspurbahn.

Das dreiachsige Modell hat zierliche, brünierte und rot ausgelegte Räder sowie ein vielteiliges Gestänge. Der kleine Zylinderblock mit den langen Kolbenstangenschutzrohren lässt auf viel Sorgfalt bei Konstruktion und Werkzeugbau schließen. Die kleine Lok fährt zufrieden stellend und in der Geschwindigkeit gut einstellbar über die ROCO-Schmalspurgleise.

Dem Modell liegen, wie schon bei der Vorgängrlok, Austauschschornsteine in verschiedenen Ausführungen bei.

Fazit: Sehr ansehnliches Löklein für Schmalspurbahnen und Feldbahnen. Unabhängig davon, ob es eine 99 4306 bei der Deutschen Reichsbahn gegeben hat oder nicht, ist das Lokmodell perfekt für eine Gutsanschlussbahn im Stil der Mecklenburg-Pommerschen Kleinbahnen geeignet, wozu ROCO auch die typischen Vierachsloren im Programm hat. Passende Gutshöfe liefern Auhagen, Faller und Vollmer.

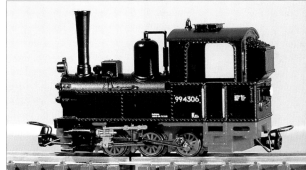

ROCO H0e (33241): *Die beiden Seiten der generalrevidierten Feldbahndampflok.*

Liliput H0e (L141491): Lok »Gerlos mit Zillertalbahn-Nostalgiewagen (ebenfalls von Liliput).

Liliput H0e (L141491): Zillertalbahn-Tenderlok 2 »Gerlos«

Vornild

Die Reihe Uh ist die technische Weiterentwicklung der Reihe U, die bei der ÖBB als Reihe 498 eingestuft ist. Diese stärkere Zweizylinder-Heißdampflok der Bauart C1h2t leistet 247 PS. Eine derartige stärkere Loktype war wegen des zunehmenden Rollwagenbetriebes zum Transport normalspuriger Güterwagen notwendig geworden. 1928/30 wurden die ersten sechs Lokomotiven an die Ybbstalbahn, die Bregenzerwaldbahn und die Pinzgauer Lokalbahn geliefert. Außerdem erhielt 1930 die Zillertalbahn eine Uh (Nr. 5). Im Jahre 1931 kamen noch je eine weitere Maschine zur Pinzgauer Lokalbahn und zur Mariazellebahn. Bei der Reihe Uh liegt der Kessel höher als bei der Reihe U (2010 mm über Schienenoberkante). Die kürzeren seitlichen Wasserkästen können bis zu drei Kubikmeter Wasser fassen. Der an der Führerhausrückwand angebaute Kohlenkasten nimmt 1,3 t Kohle auf. Die ca. 28,1 t schwere und 8020 mm lange Maschine erreicht eine Höchstgeschwindigkeit von 40 km/h. Auch heute noch trifft man diese Schmalspurdampflokomotive auf der Zillertalbahn als Lok Nr. 5 »Gerlos« und auf verschiedenen ehemaligen ÖBB-Strecken als Museumslok Reihe 498 an.

Modell

Die Zillertaler Lok »Gerlos« ist eine Variante der seit einiger Zeit lieferbaren H0e-Lok der österreichischen Dampflokreihe Uh. Sie ist so, wie man sich eigentlich eine Schmalspurlok wünscht - klein, aber doch kräftig gedrungen, was noch durch den höher liegenden Kessel vorteilhaft unterstrichen wird. Gelb betonte Zierringe an Dampf- und Sanddom, die roten Griffstangen am vorderen Kessel, an den Wasserkästen und den Führerhauseinstiegen beleben das

Liliput H0e (L371115): Zillertalbahn-Personenwagen B 13 »Mayrhofen« mit reichhaltiger Beschriftung.

Liliput H0e (L141491)
Oben: *Seitenansicht der Lok*
»Gerlos«.
Mitte: *Die linke Seite der Lok-*
Unten: *Fahrgestell der »Gerlos«*
mit dem deutlich erkennbaren
Einachsantrieb.

Aussehen der Lok. Die schwarz ausgelegten, kleinen Lokräder harmonieren mit dem der Uh fein nachempfundenen Gestänge. Zierliche Kolbenschutzrohre, die freistehende obere Loklaterne und kleine Zurüstteile komplettieren das Äußere des Lokmodells, das im übrigen makellos lackiert und beschriftet ist. Die Kraft des Einachsantriebs wirkt auf die mittlere Treibachse, was der Lok ein zufrieden stellendes Fahrverhalten verleiht. Da Liliput aus Kostengründen das Fahrwerk der Reihe U verwendet hat, gibt es im Bereich der hinteren Laufachse eine Unstimmigkeit zum Vorbild. Aber die Diskussion darüber ist Schnee von gestern, denn man sieht es praktisch nicht, wenn die Lok auf der Anlage fährt.

Fazit: Die H0e-Bahner freuen sich über eine schöne Zillertalbahn-Lok, mit der man mit den Oldtimerwagen einen prächtigen Touristen-Planzug zusammenstellen kann.

ZB-Personenwagen B13 (Liliput L371115)

Als Ergänzung zu den vier bereits ausgelieferten Personenwagen AB 2 »Uderns«, B 12 »Ried«, B 18 »Fügen« und B 20 »Aschau« der Zillertalbahn ist nun auch der fünfte Wagen B 13 »Mayrhofen« lieferbar. Der rot-braune, achtfenstrige Wagenkasten mit grauen Tonnendach ist sowohl mit angesetzten als auch aufgedruckten Beschriftungen versehen worden, die sogar an den runden Eckteilen der offenen Bühnen lesbar zu finden sind. Das Ge-

meindewappen von Mayrhofen ist mehrfarbig aufgedruckt worden. Bemerkenswert an den Einstiegsbühnen sind an der Einfassung die angedeuteten Übergangstüren, deren Kontur echt durchbrochen ist. Der Wagen hat eine Inneneinrichtung.

Fazit: Ebenso gelungene wie begrüßenswerte Ergänzung für den Zillertalbahn-Nostalgiezug.

Liliput H0e (L291911)
Zillertalbahn - Rollwagen

Das H0e-Modell des Rollwagens ist komplett aus Metalldruckguss gefertigt. Im fein gravierten Rahmen sind die starrem Achslager mit Federung sowie zwei Bremsluftbehälter und der Bremszylinder mit allen Leitungen und Gestän-

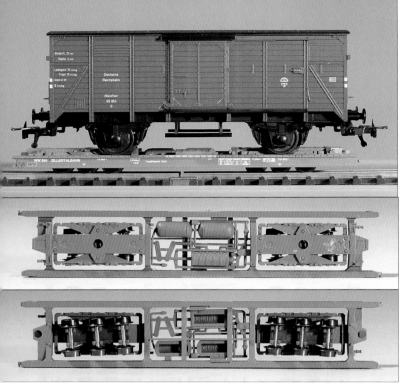

angeordnet. Fazit: Sehr nützliche Fahrzeugparkergänzung. Durch Metallausführung tiefer Schwerpunkt und sichere Laufeigenschaft. Bereits ein einzelner Rollwagen, der einen Normalspurwagen trägt und an einem Ladegleis abgestellt wurde, ist ein echter Blickfang. Ein kompletter Rollwagenzug aber ist der Betriebshöhepunkt auf einer H0e-Modellbahn, vorausgesetzt die Gleislage ist perfekt.

FERRO-TRAIN
Zahnradbahnmodell der Z1

Das Vorbild: Die Schafbergbahn im schönen Salzkammergut ist 115 Jahre alt. Zum Glück blickt sie, zum Unterschied zu manch anderen ehrwürdigen Bahnlinien, einer glänzenden Zukunft entgegen. Nach Übernahme von den ÖBB nahm am 31. März 2006 die Salzkammergutbahn GmbH (SKGB) den Betrieb auf der Schafbergbahn auf.

Liliput H0e (L291911): *Auf einem Zillertalbahn-Rollwagen transportierter gedeckter Normalspurgüterwagen.*
Mitte: *Draufsicht auf den ZB-Rollwagen. Bremsluftbehälter und Bremsgestänge sind plastisch nachgebildet.*
Unten: *Der ZB-Rollwagen von unten gesehen. Man sieht die beiden leicht ausschwenkenden, dreiachsigen Drehgestelle.*

gen freistehend angeordnet. Die grau lackierten Längsträger sind farblich unterschiedlich und sehr umfangreich als Tampondruck beschriftet. Dem Rollwagen liegen Plastikzurüstteile wie Kupplungen, Kuppelstange, Handbremsrad und Feststeller bei. Auf dem Rollwagen können ein zweiachsiger Normalspurgüterwagen beziehungsweise auf zwei mit Kuppelstangen verbundene Rollwagen auch längere, vierachsige Güterwagen transportiert werden. Die sechs Achsen sind zwecks guter Kurvenläufigkeit in zwei dreiachsigen Drehgestellen

FERRO-TRAIN: *Schafbergbahn-Zahraddampflok Z1.* FT/pr.

Ein neues Betriebskonzept bescherte stark steigende Fahrgastzahlen, nicht zuletzt wegen der gelungenen Renovierung und Vergrößerung des Fuhrparks. Unter anderem kamen zwei Vorstellwagen von der Schneebergbahn und vor allem die Z1 (Krauss Linz Bj. 1892), Österreichs älteste Zahnraddampflok, nach St. Wolfgang.

Als 999.101 tat die Schafberg-Lok viele Jahre Dienst am Schneeberg, war aber in den letzten Jahren nur mehr als Denkmal im Bahnhof Puchberg zu sehen. Die SKGB holte sie wieder vom Sockel. Es wurde beschlossen, sie so weit wie möglich in den Ursprungszustand zurück zu versetzen, was auch wunderbar gelang. Die Z1 erhielt wieder einen geraden Schlot und ein schwarzes Fahrwerk. Die ursprünglichen Federwaag - Ventile werden als Attrappe montiert, und der Dampfgenerator ist verschwunden (ersetzt durch Batterien!). Damit wurde das Aussehen der Z1 perfekt an den Ursprungszustand von 1893 angeglichen.

FERRO-TRAIN H0e: *Die ÖBB-Krimmlerwagen werden in einer Neuauflage in den aktuellen Lackierungen der verschiedenen Bahnen geliefert werden.* FT/pr.

Das Modell: Pünktlich zur Jubiläumsfahrt und der und ersten offiziellen Ausfahrt der Z1 stellt FERRO-TRAIN sein H0n3z-Modell der Z1 vor. Wie alle anderen Zahnradbahn-Loks von FERRO-TRAIN wird das Modell über zwei mittige Zahnräder angetrieben, die in die Zahnstange des FERRO-TRAIN Zahnradbahn-Gleissystems eingreifen. Die kleine Lok schafft Steigungen von 250 Promille mit ein bis zwei Vorstellwagen und Radien bis unter 300 mm. Im Aussehen gleicht die FERRO-TRAIN Z1 nahezu perfekt dem Vorbild, wie eine Fotogegenüberstellung beweist.

Die Z1 und das gesamte Angebot an Zahnradbahn-Loks, Wagen und Schienen kann man auf der neu gestalteten Webpage www.ferro-train.com sehen.

Die »Krimmler«-Wagen in H0e

Eine Neuauflage der»Krimmler«-Wagen bringt für alle Modellbahner mit Interesse an den österreichischen Schmalspurbahnen eine Reihe gesuchter H0e Modelle.

SLB-Pinzgauer Landesbahn: Die Stammstrecke, deren Endbahnhof Krimml der Wagenserie den Namen gegeben hat, ist im neuen Angebot besonders stark vertreten, auch die jetzt in Ausbesserung befindlichen Wagen mit der geplanten neuen Lackierung.

ÖBB-Ybbstalbahn: Auch hier die neuesten Lackierungsvarianten

ex ÖBB-Bregenzerwaldbahn: Die Modelle aus dem früheren ÖBB-Betriebsalltag der Bahn.

ex ÖBB-Steyrtalbahn: Die grünen Wagen, wie sie früher auf dieser Strecke gelaufen sind.

Die »Krimmler« hat es auch in den hohen Nor-

Auhagen H0/H0e (11 400): Lokschuppen Havelberg.

Trasse. Auch die ist längst stillgelegt, aber als Bauwerk erinnert der Lokschuppen in Havelberg noch immer an die Eisenbahn.

Auhagen hat diesen Lokschuppen als großartigen Plastikmodellbausatz herausgebracht.

Die einzelnen Teile haben eine sehr gute Passform, so dass es beim Zusammenbau keine Probleme gibt. Der Wasserturm kann auch separat aufgestellt werden.

Fazit: Hat man sauber geklebt, wird man mit einem schönen, ja geradezu schmalspurigromantischen Modell belohnt, das vor allem durch seine winklige Bauweise mit angebautem Wasserturm und einem kleinen Anbau besonderen Reiz besitzt und für Schmalspurloks wie geschaffen erscheint.

den Österreichs verschlagen. Ferro-Train bringt die authentischen Modelle

Die Neuauflage aller drei Grundtypen (B, BD1 und BD2) ist eigentlich eine komplette Neukonstruktion. Die Fertigung erfolgt mit aufwendigen Stahlformen, die höchste Detaillierung garantieren.

Präziser Druck, hochqualitative Lackierung, zahlreiche Farbvarianten, Stationierungen und viele verschiedenen Wagennummern sind bei FERRO-TRAIN selbstverständllich.

Lokschuppen Havelberg
H0 und H0e/H0m
(Auhagen 1 400)

Havelberg, romantische Stadt an der Elbe mit einem bemerkenswerten Dom, war bis 1945 mit einer normalspurigen Stichbahn von Glöwen aus verkehrsmäßig angebunden.

Nachdem die Schienen als Reparationsleistung abgebaut worden waren, kam es 1948 zum Bau einer Schmalspurbahn auf gleicher

Forney-Lok der SR&LR in 0n30
(Bachmann Spectrum 25477)

Beim Vorbild wurden diese Stütztenderloks nach ihrem Konstrukteur Matthias Forney benannt, der den Rahmen einer zweiachsigen Lok verlängerte, um hinten Platz für einen Kohlentender zu schaffen, unter dem ein zweiachsiges Laufdrehgestell angeordnet wurde. Daher der Name Stütztenderlok. Zur verbesserten Laufeigenschaft erhielten die Loks eine Vorlaufachse. Forney - Lokomotiven kamen häufig bei Schmalspurbahnen und Holzfällerbahnen, aber auch bei den Stadtbahnen der im 19. Jahrhundert wachsenden amerikanischen Großstädte zum Einsatz, ehe diese später elektrifiziert worden sind.

Für Bachmann Industries in den USA baut der Hersteller unter seinem Markennamen für hochwertige Modellbahnen »Spectrum« ein 0n30-Sortiment (Schmalspur auf 16 mm/H0-Spurweite) mit Modellen nach amerikanischen Vorbildern auf.

Bachmann Spectrum 0n30 (25477): *Die beiden Seiten der Forney-Stütztenderlok.*

Letzte Lokneuheit im Programm war eine Forney-Stütztenderlok nach Vorbildern bei verschiedenen Bahngesellschaften. Hier wird eine Lok der Sandy River & Rangeley Lakes Railroad vorgestellt. Dieses Lokmodell einer Zwei-Fuß-Bahn besitzt in 0n30 in den ganzen Charme einer Schmalspurlok, der in der Nenngröße Null viel deutlicher wirkt als bei Modellen in kleinerer Grösse.. Bemerkenswert ist die Ausgestaltung des Kessels mit zahlreichen Zurüstteilen wie große Loklaterne auf der Rauchkammer, Schornstein mit Abblasrohr, Sand- und Dampfdom mit aufgesetzten Armaturen, freistehende Leitungen und nicht zuletzt die Glocke, die mit einem echten Fadenseil vom Führerhaus bedient wurde. An der Pufferbohle sind Haltegriffe aus Draht und Rangierertritte sowie die US-Mittelpufferkupplung angebracht. Achsla-

ger und Federung der Vorlaufachse und des Drehgestells unter dem Tender sind plastisch graviert. Das Führerhaus in Bretterimitation hat verglaste Fenster. Der Kessel ist mit freistehenden Armaturen bestückt. Auf dem Tender ist der Einfüllstutzen für das Speisewasser sowie gravierte Kohle vorhanden. Der Lok liegt ein kleiner Beutel mit echtem Kohlenstaub bei, womit der Plastikkohle ein vorbildgerechtes Aussehen verschafft werden kann. Der Lokantriebsbereich ist vorbildgetreu eher spartanisch ausgeführt, was vor allem das brünierte Gestänge betrifft. Schwarze Lokräder sind von Bremsbacken und Sandfallrohren eingerahmt. Die Lok ist grün lackiert, wobei Rauchkammer und Zylinder in einem etwas helleren Farbton gehalten sind. Die einfache Beschriftung ist sauber aufgebracht. Die Laufeigenschaften

Bachmann Spectrum 0n30: Forney-Lok mit Skelett-Stammholz- und Schnittholztransportwagen. Die hohen Tannen für grosse Nenngrössen stammen von HEKI.

basieren offensichtlich auf H0-Erfahrungen und sind ausgezeichnet. Die Lok ist mit einem Bachmann E-Z Decoder nach NMR-DCC-Norm ausgerüstet. Die Lok läuft einwandfrei mit der Intellibox von Uhlenbrock, sicher aber auch mit den anderen einschlägigen Zentralen.
Fazit: Der Leser mag denken, nun auch noch 0n30 und amerikanisch. Wer jedoch dieses Lok jemals in der Hand gehalten hat, erliegt sofort der Faszination dieser zwar größeren Nenngröße aber dem dennoch schmalspurig-zierlichen Modell in superber Ausführung und guter Laufkultur. Vielleicht könnte man ja doch wenigstens in einer Ecke mal und rein ver-suchsweise.....

Holztransportwagen in 0n30 (Bachmann Spectrum 26863)

In Bachmanns Spectrum-Serie gibt es passend zur Forney-Lok einen Holztransportwagen, mit denen abgelängte Stämme für die Holzindus-trie transportiert werden. Auf einen Flachwa-gen mit zweiachsigen Drehgestellen hat man in die Rungenaufnahmen Holzbohlenwände gesteckt ähnlich der Ausführung, die wir hier-zulande beispielsweise bei Torfwagen kennen. Als Ladegut liegt dem Modell ein Resinblock

mit Nachbildung zahlreicher Hölzer vor, die farblich behandelt sind bis hin zu den Stamm-enden. Das »Holz« passt genau in den Wagen. Fazit: Das ist ein exzellent nachgebildetes Mo-dell eines Schmalspurgüterwagens, der jeden Freund amerikanischer Schmalspurbahnen ansprechen wird.

Skeleton Log Car in 0n30 (Bachmann Spectrum 27391)

In dieser Wagenpackung der Spectrum-Serie von Bachmann liegen drei Skeleton-Log Cars, wie sie von den Holzfällerbahnen für die Ab-fuhr ganzer Baumstämmen benutzt werden. Skeleton bedeutet Gerippe, und fast so sehen die Wagen auch aus. Ein schwerer hölzerner Längsbalken verbindet die beiden zweiachsi-gen Drehgestelle zu einem »Wagen«. Auf die Längsbalken werden Querbalken mit Stahl-bändern zur Aufnahme der Holzstämme be-festigt. Das Modell ist gut detailliert bis hin zu beigelegten Zurrketten, mit denen die Stamm-holzladung gesichert werden kann. In der Wa-genpackung sind außer den drei Wagen auch je drei Baumstämme als Ladegut enthalten. Fazit: Für US-Schmalspurbahnen ebenso typi-sches wie gelungenes Modell. Mit der Forney

Bachmann Spectrum 0n30 (26863): *Holztransportwagen für den Schnittholztransport.*

Bachmann Spectrum 0n30 (27391): *Skeleton Log Car für den Stammholztransport.*

(oder einer anderen Bachmann-0n30-Lok) kann man mit diesen Skeleton Log Cars die Holzstämme aus dem Wald zum Sägewerk fahren und von dort mit den Holztransportwagen weiter zur verarbeitenden Industrie. Somit ist im Modell eine geschlossene Transportketten darstellbar.

Bachmann 0n30: *Hier erkennt man die Bauweise eines Skeleton-Holzwagens.*

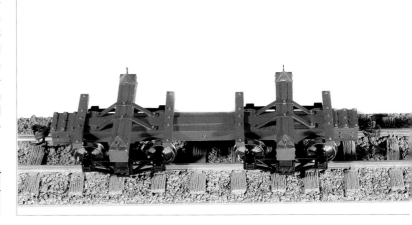

Wolfgang Zeunert
Literaturhinweise

Die Feldbahn Band 9: Ehemalige DDR
Der große Erfolg! Zweite Auflage!
Von Frank Harding und Andreas Christopher. 176 Seiten, 178 Farb- und 16 SW-Fotos, 11 Loktypenzeichnungen und 7 Gleispläne, EUR 29,50 (D). Verlag Ingrid Zeunert, Postfach 1407, D 38504 Gifhorn.
Die Feldbahnen in der DDR haben die Wende größtenteils nicht überlebt. Etwa 90 % der ostdeutschen Feldbahnen waren bis Sommer 1992, also innerhalb von zwei Jahren nach der Währungsumstellung, nicht mehr in Betrieb. Mehrere Feldbahnbetriebe wurden auch danach noch stillgelegt, und nur eine Handvoll konnte bis heute überleben. Dieses Buch ist eine umgestaltete und ergänzte Neuausgabe vom 1991 erschienenen Band 3 der Buchreihe DIE FELDBAHN mit einem von 112 auf 176 Seiten vergrößerten Umfang. Es ist nach den neuen Bundesländern gegliedert und enthält Auflistungen aller ehemaligen DDR-Feldbahnen. Einundvierzig Betriebe werden ausführlicher beschrieben. Die einzelnen Artikel sind in »Situation 1990« und »Was blieb?« abgefasst und bieten eine Lokliste der jeweiligen Bahn. Wohl einmalig für ein Werk über dieses Thema ist die Illustration mit 178 Farb- und 16 Schwarzweiß-Fotos.

Edition Fahrzeug-Chronik Band 7
Dirk Endisch (Hrsg.). 96 .170x240 mm, 49 Tabellen, 6 Zeichnungen und 44 Abbildungen, EUR 12,50 EUR. Verlag Dirk Endisch, 70813 Korntal-Münchingen.
Der vielseitige Inhalt bietet für Jeden etwas, also auch für Schmalspurbahnfreunde, so der Beitrag über Rügenloks. Anfang des 20. Jahrhunderts benötigte der Provinzialverband der Provinz Pommern für seine 750 mm-Schmalspurbahnen eine neue leistungsfähige Tenderlok. Die Stettiner Maschinenbau AG »Vulcan« entwickelte daraufhin die Dn2t-Maschinen der Gattung »M«, von der eine Lok 1913 zur Schmalspurbahn Putbus-Göhren kam. 1913 folgte eine zweite und 1925 eine dritte Maschine, diesmal mit Heißdampftriebwerk. Die DR reihte die drei Rügenloks 1950 als Baureihe 99.463 in ihren Bestand ein. 99 4632 und 99 4633 kann man bis heute beim »Rasenden Roland« zwischen Putbus und Göhren in Aktion erleben. Die über 95-jährige Geschichte der Baureihe 99463 wird detailliert beschrieben. Weitere größere Artikel sind Normalspurlokomotiven gewidmet: Es gibt Beiträge über die Tendermaschinen der Baureihe 91.10, die ehemalige mecklenburgische T4, und den Einsatz der Baureihe 52.80 im Bw Haldensleben zwischen 1973 und 1988.. Auch diese »Edition Fahrzeug-Chronik« ist eine »runde Sache« - fachkundig verfasst und für jedes Lokinteressegebiet etwas.

Glacier Express - Von St. Moritz nach Zermatt
Von Beat Moser, Peter Pfeiffer und Urs Kossi. 116 S. 290x210 mm, ca. 170 Abb. sowie eine Video-DVD (65 Minuten Laufzeit), EUR 15,00. VGB Verlagsgruppe Bahn, 82256 Fürstenfeldbruck
Die erste fahrplanmäßige Fahrt des auf Meterspurgleisen rollenden »Glacier Express« von St. Moritz nach Zermatt fand am 1. Juli 1930 statt. Damals dauerte die 270 km lange Eisenbahnreise vom Engadin zum Matterhorn knapp elf Stunden. Auf dem Abschnitt über den Oberalp- und den Furkapass zogen noch Dampfloks den »langsamsten Schnellzug der Welt«. Da die Strecke über den Furkapass im Winter nicht befahrbar war, verkehrte der »Glacier Express« über fünfzig Jahre lang nur in den Sommermonaten. Erst seit der Eröffnung des Furka-Basistunnels am 25. Juni 1982 kann man mit dem Zug auch im Winter durch die tief verschneite Schweizer Bergwelt reisen. Und was zuvor den 1.-Klasse-Reisenden vorbehalten war, wurde 2006 für alle Passagiere Wirklichkeit: Aussichtswagen mit Panoramafenstern. Das Heft bietet ein packendes und informatives Porträt des weltbekannten Expresszuges. Neben der Bahnreise durch die phantastische Schweizer Bergwelt stehen natürlich die Fahrzeuge des »Glacier Express« im Mittelpunkt mit bislang unveröffentlichten historischen und aktuellen Profiaufnahmen. Auch der neue »Premium-Glacier-Express« wird erstmals ausführlich in Wort und Bild gewürdigt. Neben brillanten, mehrfach großformatigen Farbfotos werden auch Streckenskizzen geboten. Bestehende Bahnen verändern sich ständig. Dieses gemachte Heft bringt die Kenntnis des Schmalspurbahnfreundes auf den aktuellen Stand. Dem Heft beigefügt ist eine Video-DVD (Laufzeit 65 Minuten). Man erlebt den Expresszug in einem Streifen, der inzwischen schon historisch ist, denn Hagen v. Ortloff porträtierte den »Glacier Express« erstmals 1991 in seiner Sendung »Eisenbahn-Romantik«. Heute ist der Film ein nostalgischer Leckerbissen für alle Eisenbahnfans, denn viele der damals eingesetzten Fahrzeuge gehören inzwischen zum alten Eisen.

Auf schmaler Spur nach Norden -
Reise zu den außersächsischen Schmalspurbahnen
Fotografiert von Günter Meyer. 164 S. 300x210 mm, 267 SW-Fotos, EUR 29,80. EK-Verlag, 79115 Freiburg.
Dieses Buch bekam ich erst jetzt eher zufällig in die Hand. Es erschien schon vor längerer Zeit, ist aber noch lieferbar. Günter Meyer hat für dieses Werk seine Fotos von den Schmalspurbahnen Sachsen-Anhalts, Brandenburgs und Mecklenburg-Vorpommerns zusammengestellt.. Man bekommt in eindrucksvollen Aufnahmen beispielsweise die Forster Stadtbahn, die Industriebahn in Halle, die Muskauer Waldeisenbahn, die Spreewaldbahn, das Schmalspurnetz um Burg und die Kleinbahnen der Kreise Ost- und Westprignitz zu sehen. Einen besonderen Platz nehmen die vom Autor so gern bereiste Mecklenburgisch-Pommersche Schmalspurbahn (MPSB), die Strecke Pasewalk-Klochow und die weithin bekannten Strecken an der Ostseeküste von Molli über die Franzburger Kreisbahn bis zu den Rügenschen Kleinbahnen ein. Was an diesem Bildband so fasziniert sind zwei Dinge - einmal sieht man Bilder, die heute nicht mehr aufzunehmen sind sind, zum anderen ist es keine sterile Bahnfotografie, sondern da wird die ganze Schmalspurbahnwelt wieder lebendig, die es so heute leider nicht mehr gibt. Hinzu kommt die erstklassiges Bildqualität, an der man die Dampfloks jedes Detail erkennbar macht. Ein prachtvolles Schmalspurbahnenbuch!

Züge, Wagen und vergangene Zeiten Band 2
Fotografiert von Günter Meyer. 144 S. 200x210 mm, 259 Abbildungen, EUR 29,80. EK-Verlag 79115 Freiburg.
Günter Meyers Bildbände gehören zu den beliebtesten Publikationen über die Deutsche Reichsbahn in der DDR. Nach dem großen Erfolg des 2005 erschienen ersten Titels über die normalspurigen DR-Wagen hat er jetzt aus seinem Archiv eine weitere repräsentative Auswahl typischer

Lieferbare Bände

Band 2: 80 Seiten, 26 Farb- + 61 SW-Fotos, EUR 10,00 (D)*.

Band 4: 80 Seiten, 24 Farb- + 74 SW-Fotos, EUR 10,00 (D)*.

Band 5: 80 Seiten, 21 Farb- + 90 SW-Fotos, EUR 11,50 (D)*.

Band 6: 96 Seiten, 45 Farb- + 147 SW-Fotos, EUR 11,50 (D)*.

Band 7: 96 Seiten, 102 Farb- + 94 SW-Fotos, EUR 15,00 (D)*.

Band 8: 96 Seiten, 150 Farb- + 68 SW-Fotos, EUR 15,00 (D)*.

Band 9: 96 Seiten, 147 Farb- + 45 Schwarzweiss-Fotos, EUR 15,00 (D)*.

Band 10: 112 Seiten, 181 Farb- + 49 Schwarzweiss Fotos. EUR 15,00 (D)*.

Band 11: 112 Seiten, 109 Farb- und 48 SW-Fotos, 18 Zeichnungen, EUR 15,00 (D)*.

Band 12: 112 Seiten, 163 Farb- und 60 SW-Fotos, EUR 15,00 (D)*.

Band 13: 96 Seiten, 122 Farb- + 30 Schwarzweißfotos, EUR 15,00 (D)*.

Band 14: 96 Seiten, 122 Farb- + 40 SW-Fotos, EUR 15,00 (D)*.

Foto: Rolf Gotze

Band 15: 96 Seiten, 98 Farb- + 44 SW-Fotos, EUR 15,00 (D)*.

Band 16: 96 Seiten, 86 Farb- + 40 SW-Fotos, EUR 17,50 (D)*.

Band 17: 96 Seiten, 128 Farb- + 18 SW-Fotos, EUR 17,50 (D)*.

Band 18: 96 Seiten, 76 Farb- + 73 SW-Fotos, 11 Zeichnungen, EUR 17,50 (D)*

DIE KLEINBAHN erschien als Zeitschrift von 1963 bis 1975 mit 104 Ausgaben.
DIE KLEINBAHN gibt es seit 1988 als Buchreihe. Es werden ausschließlich normalspurige Klein- und Privatbahnen behandelt. Auch Werksbahnen und Kleinbahnen als Modell gehören zum Themenkreis der Reihe.
DIE KLEINBAHN im Format 24x17 cm hatte zunächst einen Umfang von 80 Seiten. Ab Band 6 gibt es 96 Seiten Inhalt. Alle Bände sind reichhaltig mit Farb- und Schwarzweissfotos sowie bedarfsweise mit Zeichnungen illustriert. Jährlich erscheinen ein bis zwei Bände.
DIE KLEINBAHN kann im Abonnement bezogen werden, was gewährleistet, daß man jeden Band unmittelbar nach Erscheinen frei Haus erhält und keinen verpaßt. Das Abonnement kann jederzeit gekündigt werden. Es brauchen keine Abonnementsbeträge im voraus bezahlt zu werden, denn jeder Band wird mit Rechnung geliefert.

Postanschrift: Postfach 1407, D 38504 Gifhorn
Hausanschrift: Hindenburgstr. 15, D 38518 Gifhorn
Telefon: 05371-3542 • Telefax: 05371-15114
E-Mail: webmaster@zeunert.de • www.zeunert.de
Umsatzsteuer-ID: DE115235456
***Versand je Buch EUR 1,40 (D)**

Wagenbilder von den DDR-Schmalspurbahnen aus den 1950er und 1960er Jahren zusammengestellt. Es werden hauptsächlich Aufnahmen schmalspuriger Reisezug- und Güterwagen vieler heute schon längst stillgelegter Schmalspurbahnen gezeigt. Aber man bekommt nicht nur reine Wagenbilder zu sehen. Natürlich enthält das Buch auch viele eindrucksvolle Bilder vom lebendigen Alltag dieser kleinen Bahnen. Neben dem »Leben und Treiben« auf den Bahnhöfen gibt es auch Zugaufnahmen und Bahnhofsansichten, die heute wegen ihrer Qualität als echte Zeitdokumente gelten. Seit nunmehr achtzehn Jahren gibt es reichlich Literatur über die mitteldeutschen Schmalspurbahnen, aber dieses Buch zeigt in Hülle und Fülle bislang noch nicht Gesehenes. Ganz, ganz großartig!

Rolf Knippers schönste Anlagen-Entwürfe
Vorbildliche Gleispläne
mit 3D-Schaubildern für alle Modellbahner

Von Rolf Knipper. 116 S. 290x210 mm, viele großformatige Schauskizzen, Zeichnungen und Anlagenpläne, EUR 15,00. VGB Verlagsgruppe Bahn GmbH, 82256 Fürstenfeldbruck Rolf Knipper war ein Ausnahmetalent unter Deutschlands Modellbahnern. Ob Anlagenbau, Digitaltechnik oder Fahrzeugpflege, immer war sein Ratschlag begehrt. Seine künstlerische Ader kam aber ganz besonders bei seinen Anlagenentwürfen zum Tragen. Die oft in der MIBA veröffentlichten dreidimensionalen Schauskizzen konnten dem Betrachter einen lebendigen Eindruck vom jeweiligen Modellbahnvorschlag vermitteln. Weitgestreckte Hauptbahnen, romantische Nebenbahnen oder Industriekomplexe jeglicher Art, überall war Rolf Knipper zu Hause. Und im Gegensatz zu so manchem Entwurf aus anderer Feder waren seine Anlagenpläne hinsichtlich Radien und Steigungen stets realisierbar. Die Idee zu dieser Broschüre hatte der Autor selbst, nachdem er sein in Jahrzehnten angelegtes Werk gesichtet und neu geordnet hatte. Dass er das Erscheinen der Broschüre nicht mehr erleben konnte, war für Redaktion und Verlag geradezu eine Verpflichtung, dieses Projekt dennoch fertig zu stellen. Dabei wird dem Leser mehr geboten als ein normales Gleisplanheft. In den Zeichnungen zu den Entwürfen kann man wie in einem Roman lesen, Auch wenn man keinen der Gleispläne selbst realisieren kann, so findet man doch eine beispiellose Fülle von kleinen Details, die erst die Lebendigkeit einer Anlage ausmachen und für eigene Zwecke adaptiert werden können. Darüber hinaus ist dieses Sonderheft das Vermächtnis eines ganz großen Könners, dessen viel zu früher Tod uns bei Ansicht seiner Arbeiten erst bewusst macht, was wir an Rolf Knipper verloren haben.

Voie Libre

Chefredakteur Jean-Paul Quatresous. Je Heft 60 S. 210x285 mm, zahlreiche überwiegend farbige Fotos und Zeichnungen, je Heft EUR 7,90 (F). LR Presse sarl, F 56401 Auray Cedex.

Dieser französische Zeitschrift befasst sich mit Schmalspur-Modellbahnen und ihren Vorbildern. Sie zeichnet sich durch einen vielseitigen Inhalt, durch ihre gelungene grafische Gestaltung und eine stets reichhaltige Illustrierung aus.

Heft 48 (Mai/Juni 2008): Ausführlicher Artikel über die H0e-Feldbahn-Schauanlage von Roald Hofman, einem Schweizer, der Egger-Loks in Handarbeit wieder aufleben liess. Bau einer französischen Schmalspur-Diesellok mit Antrieb aus einem US-Dampflokmodell. Eine franz.

LGB-Segmentanlage mit der unvermeidlichen Corpet-Louvet-Dampflok und Eigenbauten. Vorbildbericht über Les tramways de Loir-et-Cher. Eine stilisierte Feldbahn-Spielzeugbahn. Umbau eines deutschen in einem französischen LGB-Personenwagen. 0n30-Mallet-Loks aus englischem Bausatz.

Heft 49 (Juli/August 2008): 016 (0f) - Kleinanlage einer englischen Schmalspurbahn mit Hafenanschluss. Vorbildbericht über Fahrzeuge zur Nationalen Schweizer Ausstellung 1899 in Genf mit Gleisplanvorschlag. Baubericht über einen 009 (H0e) - Simplex-Feldbahn-Traktor. Sechsseitiger Bilderbogen über deutsche Feldbahndiesellok. Die rekonstruierte sächs. IVK 99 586 für Radebeul-Radeburg. In Bezug auf die Ausstattung fantasievolles US-Waldbahnmodul in 0n30. Zusammenbau der PECO-Null-Spur-Drehscheibe für 0n30-Betrieb. Und als besondere Köstlichkeit eine Anlage, die mit motorisierten Gnomy-Fahrzeugen (ex Lehmann Friktionsspielzeug) hin bis zu einen Schrägaufzug gebaut wurde - mit Petroleumlampen-Beleuchtung der Lok, Kaffeekanne neben dem Kessel und Kaktus auf dem Kohlenkasten.

Schmalspurbahner lieben dieses französische Blatt, und wer es noch nicht kennt, sollte sich mal ein Heft gönnen.

Feldbahn-Herstellerkataloge

Bei der EHM GmbH (Railroadiana Verlag)., 53913 Swistal, sind bereits 2003 zwei Reprints erschienen, die das Interesse der Feldbahnfreunde unter unseren Lesern finden dürften.

Orenstein & Koppel - Arthur Koppel AG
(Abt. Lokomotivbau)
Spezialkatalog für Lokomotiven No. 800

Nachdruck 290x210 mm, zahlreiche Fotos, EUR 34,90.

In diesem bebilderten Katalog wird die gesamte Bandbreite des Dampflokomotiven-Programms für Feld-, Industrie-, Haupt-, Klein- und Privatbahnen aller Spurweiten vorgestellt. Aus dem Inhalt: Dampfspeicher- und Preßluftloks, Bauart Mallet, Trambahnkastenloks, Innen- und Außenrahmenloks, Tunnel- und Bergwerksloks, Klien-Lindner Hohlachse, Zahnradloks, verschiebbare Gölsdorf-Achse, Feuerlose Kranlok. Zu den Fotos gibt es einführende Texte, auch über die Vorzüge des Lokbetriebes und Zugkraftberechnungen sowie Leistungs- und Lokdatentabellen. Der Indutriebahnfreund, vor allem der Feldbahnfreund, kommt mit diesem Nachdruck voll auf seine Kosten.

Orenstein & Koppel - Arthur Koppel AG
General Catalogue No. 850 von 1913

Nachdruck, 175 S. 210x290 mm, 176 S., 800 Abbildungen und Fotos.

Aus dem Inhalt: Dampfloks und Tender, Petrolloks, 7 verschiedenen Elektroloks, Draisinen, 23 Selbstentlader, Tank- Lind Wasserwagen, offene und geschlossene Güterwagen, Räder, Achsen und Drehgestelle, 20 Feldbahn-Personenwagen, Feldbahnwagen aller Art wie 45 unterschiedliche Typen von Loren, 25 Typen Kastenkipper, 18 Bergwerkshunte, 36 Zuckerrohrwagen, 13 Typen Waldbahntrucks, Ziegelei-Etagenwagen, Spezial- und Militärwagen, Plattform- und Drehgestelle, Gleisbaumaterial und Weichen, Drehscheiben und Schiebebühnen, Signale und Schranken, Eimerkettenbagger, Schrägaufzüge, Seil- und Luftbahnen, Einschienenbahnen. Der imponierend umfangreich illustrierte Nachdruck bietet eine Fülle von Information über das Feldbahnwesen. Da es ein Exportkatalog war, sind die Texte in englischer Sprache gehalten.

In eigener Sache: Da wir ZEUNERT'S SCHMALSPURBAHNN weiterhin in der gewohnten Qualität herausgeben wollen, blieb uns angesichts der herrschenden inflationären Kostensteigerungen keine andere Wahl, als den Buchpreis neu auf EUR 17,50 festzusetzen. Wir bitten unsere Leser dafür um Verständnis.